Mein Nachhilfe-Lehrer

Englisch

Grammatik
Übersetzung
Diktat

W0400198

Von Pädagogen empfohlen

Sonderausgabe

2002 Trautwein Edition
Genehmigte Sonderausgabe

Chefredaktion: Ilse Hell
Redaktion: Alexandra Dietrich
Redaktionsassistenz: Anke Pennig, Nicole Schreiber
Produktion: Henning Liebke

ISBN 3-8174-5447-3
5154473

Besuch uns im Internet unter www.compactverlag.de!

Inhalt

Übersetzung 5./6. Klasse

Diktat 5./6. Klasse

Ein Wort an dich!

Die Beherrschung einer Fremdsprache bringt viele Vorteile mit sich. Es ist aber gar nicht so einfach eine fremde Sprache zu erlernen. Es kann z. B. passieren, dass du Probleme beim Aufbau von Sätzen oder bei der Verwendung der Zeiten hast. Auch das Schreiben von Diktaten, könnte dir schwer fallen, da du die neue Sprache noch nicht so "im Ohr" hast. **„Mein Nachhilfelehrer Englisch"** bietet dir für jedes Problem die richtige Lösung, egal ob es sich dabei um **Grammatik, Übersetzung** oder **Diktat** handelt.

Damit beim Lernen keine Langeweile aufkommt, begleiten dich Tom und Lisa durch den **Nachhilfelehrer**, sowie Ufy, ein kleiner Außerirdischer. Sie geben dir wertvolle Tipps und sorgen für Abwechslung beim Üben. Um dir den Umgang mit dem **Nachhilfelehrer Englisch** noch leichter zu machen, sind die einzelnen Kapitel des Buches in *Doppelseiten* untergliedert. Zu jedem Thema findest du auf solch einer Seite Regeln und ausführliche Beispiele. Auf den folgenden Seiten kannst du in vielen Aufgaben dein Wissen üben. Die Lösungen findest du am Ende des jeweiligen Buches.

Ein paar einfache Symbole zeigen dir zusätzlich, um was für einen Aufgabentyp es sich handelt, und was du dabei beachten musst:

Wichtige Regeln stehen in Kästchen und sind durch einen **dicken Zeigefinger** oder ein **Ausrufezeichen** markiert. Wird etwas Wichtiges erklärt, findest du dort eine **offene Hand**. Das **Tipp-Symbol** verrät dir ein paar Tricks, die dir beim Lösen der Aufgaben helfen. Eine **Lesebrille** findest du bei den Beispielen, die die vorhergehende Regel verdeutlichen oder dir bei den nachfolgenden Aufgaben als Anleitung dienen sollen. Übungen, die mit einem **Zeigefingerbleistift** gekennzeichnet sind, weisen daraufhin, dass du etwas tun musst. Der **Bleistift** bedeutet, dass du bei der folgenden Aufgabe etwas einsetzen, ankreuzen oder verbinden sollst. Findest du am Rand **Papier und Bleistift**, heißt das, dass du etwas mehr Platz zum Bearbeiten der Aufgabe brauchst. Am besten legst du dir dafür ein Extra-Heft zu. Ein **Daumen, der nach oben zeigt**, markiert die Übungen die etwas schwieriger sind. Wenn du die **Trillerpfeife** siehst, weißt du, dass du bald mit einem Kapitel fertig bist.

Viel Spaß beim Üben mit dem Nachhilfelehrer und viel Erfolg in der Schule!

Englisch

Grammatik 5./6. Klasse

Aprilia Zank

WORTARTEN
Das Substantiv

Hello everybody!

My **name** is **Lisa.**
I am a **girl.**
This is my **dog**
Blacky.

My **name** is **Tom.**
I'm a **boy.**
These are my **kites.**

My **name** is **Ufy.**
I'm an **extraterrestrian.** *(Außerirdischer)*
This is my **flying-saucer**. *(fliegende Untertasse)*

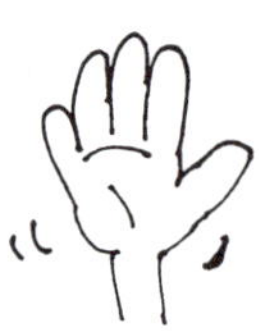

Die markierten Wörter haben alle etwas gemeinsam, sie gehören der Wortart *Substantiv* an. Man kann aber Folgendes unterscheiden:

belebt (*girl, dog*) - **unbelebt** (*kites, flying-saucer*)
männlich (*boy*) - **weiblich** (*girl*) - **sächlich** (*flying-saucer*)
Einzahl (*name, boy*) – **Mehrzahl** (*kites*)

und andere, die wir später kennen lernen werden.

Das Genus

Im Gegensatz zum Deutschen, wo das Genus jedes Substantivs durch den bestimmten Artikel *der, die* oder *das* markiert ist, haben im Englischen alle Substantive den **bestimmten Artikel *the***.
Ferner werden in der deutschen Sprache viele weibliche Substantive zusätzlich gekennzeichnet. Im Englischen ist das nicht der Fall:

driver – Fahrer, Fahrerin
director – Direktor, Direktorin

Es gibt jedoch einige Ausnahmen, z. B.:
actor – actress (Schauspieler, Schauspielerin), *waiter – waitress* (Kellner, Kellnerin), *policeman – policewoman* (Polizist, Polizistin)

1. Lisa stellt Ufy ihre Familie vor. Setze die fehlenden Begriffe ein:

1. This is my sister *(Schwester)* Ann and this is my brother *(Bruder)* Dave.
2. My aunt *(Tante)* is a nurse, my uncle *(Onkel)* is a drummer.
3. My cousin *(Cousin)* John plays football, my cousin *(Cousine)* Jane prefers badminton.
4. Here is my sister Claire. She wants to become a doctor *(Ärztin)*.
   Her boyfriend is already a doctor *(Arzt)*.
5. A well-known member of our family is grandma *(Oma)*. She acted in many films, she was an actress *(Schauspielerin)*. My grandpa *(Opa)* liked films, too, but he was not an actress *(Schauspieler)*.

Der Numerus

Der Numerus gibt an, ob das Substantiv im Singular (z.B. *house, cat, shoe*) oder im Plural (z.B. *houses, cats, shoes*) gebraucht wird.

Normalerweise wird im Englischen die **Mehrzahl** (Plural) eines Substantivs gebildet, indem man der Einzahlform ein **-s** hinzufügt:

dog – dogs, shop-assistant – shop-assistant**s**

Zur Grundregel gibt es aber auch Ausnahmen:

- Nach **Zischlauten** (*-s, -ss, -sh, -ch, -x, -z*) wird *-es* hinzugefügt:
  glass – glasses, dish – dishes, church – churches, box – boxes
- Nach Konsonanten wird *-y* zu *-ie* vor -s:
  baby – babies, country – countries; nach Vokalen bleibt *-y* unverändert:
  cowboy – cowboys, journey – journeys
- Einige Substantive auf *-f* und *-fe* enden in der Mehrzahl auf *-ves*:
  leaf – leaves, life – lives
- Manche Substantive, die auf *-o* enden, bilden die Mehrzahl mit *-es:*
  tomato – tomatoes, potato – potatoes, hero – heroes

2. Trage die fehlende Form ein:

cat	cats
brush	brushes
knive	knives
flower	flowers
hobbiy	hobbies
piano	pianos
book	bookes
leaf	
	buses
	potatoes
church	
story	

Es gibt im Englischen auch einige Substantive, die ihre Mehrzahl unregelmäßig bilden, wie z.B.: *man – men, child – children, foot – feet, mouse – mice*. Du kennst bestimmt noch einige andere. In der nächsten Aufgabe kannst du das ausprobieren:

3. Ganz schön unregelmäßig! Trage die passenden Begriffe ein:

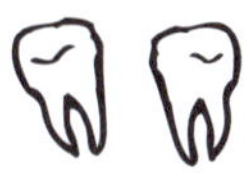

Einige Schwierigkeiten bereiten die **Sonderfälle,** also Substantive, die nur in **Einzahlform** (Singular) oder nur in **Mehrzahlform** (Plural) vorkommen, aber Übung macht bekanntlich den Meister:

- Substantive, die **nur Singularform** haben und mit dem **Verb im Singular** gebraucht werden: *The **information** they gave us **is** wrong.*
- Substantive, die **nur Singularform** haben und mit dem **Verb im Plural** benutzt werden: *The **police are** following the thief.*
- Substantive, die **nur Pluralform** haben und mit dem **Verb im Singular** erscheinen: *The **news makes** Helen happy.*
- Substantive, die **nur Pluralform** haben und mit dem **Verb im Plural** gebraucht werden: *His **trousers have** a hole.*

4 Ein Fall für clevere Wortdetektive! **Sieben Sonderfälle** stecken senkrecht und waagerecht im folgenden Buchstabensalat. Finde sie heraus:

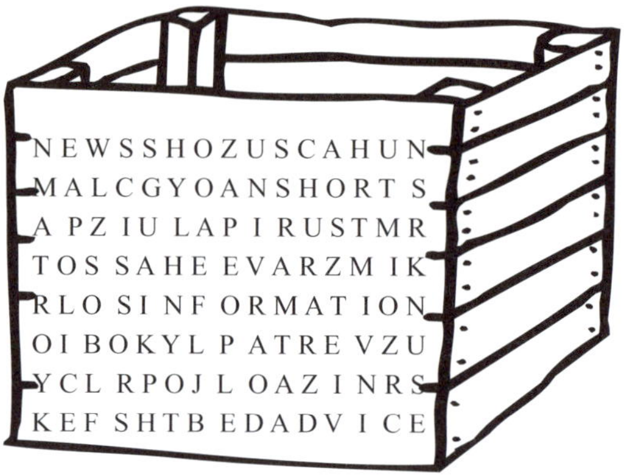

Der Kasus

Sicher kennst du aus dem Deutschunterricht die Fälle im Deutschen: Wer-Fall, Wes-Fall, Wem-Fall und Wen-Fall. Im Englischen ändert sich die Wortform nur im **Wes-Fall** *(Genitiv)*; der **Genitiv** antwortet auf die Frage **whose** *(Wessen)*. Es gibt zwei Genitivformen im Englischen: **'s-Genitiv** und **of-Genitiv**.

Um eine Sache (bzw. eine Eigenschaft) als Besitz einer Person oder eines Tieres zu kennzeichnen, hängt man im Singular an das Wort ein Apostroph (') und ein **s** an; im Plural wird nur ein Apostroph (') an das *-s* des Plurals angefügt.

We got some apples from our **neighbour's tree**.
This **dog's tail** is very short.
Danny is happy about his **parents' holiday plans**.

Wenn die Mehrzahl unregelmäßig ist, also nicht mit *-s* endet, dann wird wie in der Einzahl *'s* (ein Apostroph und ein *s*) angehängt:

These women's hats are old-fashioned.

5. Verbinde folgende Begriffe durch 's- bzw. '-Genitiv und bilde Sätze nach dem folgenden Muster:

girl – hat The girl's hat is on the chair.

1. boys – ball ....

2. children – dog ....

3. policemen – caps ....

Der ***of*-Genitiv** wird hauptsächlich verwendet, wenn sich das Besitzerverhältnis auf Sachen oder abstrakte Begriffe bezieht:

They paint the doors of the house red.
Seeing this match is waste of time.

6. 's-Genitiv oder *of*-Genitiv? Verbinde folgende Sätze durch die richtige Genitivform:

1. This book has got pictures. I like them a lot.

....

2. The Wilsons have two cats. They ate our sausages.

....

3. This theatre has some new actors. They are very young.

....

4. Peter shows me his stamps. They are very interesting.

....

5. The actors have a new theatre. It is very modern.

....

Der Artikel

Der bestimmte Artikel

Der **bestimmte Artikel** *the* wird vor Substantiven, die mit einem Konsonant anfangen, /ðə/ ausgesprochen: *the cake, the motorbike.*
Vor Substantiven, deren gesprochene Form mit einem Vokal anfängt, ist die Aussprache von *the* /ðiː/: *the article, the elephant*.

7. Trage die richtige Aussprache von *the* ein:

the /   / fire, the /   / Indian, the /   / year, the /   / shoes, the /   / hour, the /   / garden, the /   / song, the /   / instrument.

Wir verwenden den bestimmten Artikel, um etwas näher zu bestimmen:
The ice-cream in this shop is not very fresh.
Dieser Satz sagt aus, dass hier **ein bestimmtes Eis** gemeint ist.

Wenn wir aber eine allgemein gültige Aussage, Wahrheit etc. ausdrücken wollen, dann wird der Artikel weggelassen:
Ice-cream should always be fresh.
Hier ist vom **Eis allgemein** die Rede.

8. Trage in die Lösungsleiste jeweils den Buchstaben ein, der zu deiner Lösung gehört. Welcher aktuelle Begriff entsteht?

1. We want to swim in (– / the) lake (1), but (– / the) (2) water is too cold.
2. Mike is very good at swimming under (– / the) (3) water.
3. (– / The) (4) neighbours' children invite us to play (– / the) (5) football with them.
4. (– /The) (6) football they play is quite rough .
5. My grandmother says that it is better to read (– / the) (7) books than to watch (– / the) (8) TV.
6. (– / The) (9) book about dinosaurs is very exciting.
7. Nobody can live without (– / the) (10) air.
8. (– /The) (11) air in this room is quite stuffy.

	1	2	3	4	5	6	7	8	9	10	11
–	R	O	E	D	K	F	A	N	W	E	G
the	B	R	Y	A	T	D	I	X	C	U	R

1	2	3	4	5	6	7	8	9	10	11

Man verwendet auch keinen Artikel in bestimmten **Redewendungen:** *to go to bed, to go to / to come from school / church, to go by car / by train / on foot, etc.*
Werden jedoch diese Substantive **näher definiert**, dann sind sie vom **bestimmten Artikel** begleitet:

My brother goes to the school near the big church.

Kalenderdaten – Wochentage, Feiertage, Monate – stehen ebenfalls **ohne Artikel,** es sei denn, sie sind näher bestimmt:

On Monday we go swimming.
The first Monday in July is a holiday.

Der unbestimmte Artikel

Der **unbestimmte Artikel** *a/an* wird mit zählbaren Substantiven verwendet, die in der Einzahl stehen und noch nicht erwähnt oder näher bestimmt worden sind.
Um zu entscheiden, ob *a* oder *an* verwendet wird, muss man dasselbe beachten, wie bei der Aussprache des bestimmten Artikels *the*:
Vor Substantiven, die mit einem **Konsonanten** anfangen, benutzt man ***a***: a pencil, *a street, a woman*.
Vor Substantiven, die mit einem **Vokal** anfangen, wird ***an*** verwendet: *an ocean, an answer.*

Der unbestimmte Artikel wird im Englischen auch in Situationen verwendet, in denen im Deutschen keiner üblich ist:

• vor **Berufen** und **Nationalität:**

Kate is a dancer. – Kate ist Tänzerin.
Mrs Delon is a Frenchwoman. – Frau Delon ist Französin.

• in **bestimmten Redewendungen**: *to have a headache* – Kopfschmerzen haben, *to be in a hurry* – in Eile sein, *to put an end to sth.* – Schluss machen

Nicht alle Substantive können mit dem unbestimmten Artikel benutzt werden. Bei Substantiven, die Stoffe, abstrakte Begriffe u.a. bezeichnen und **nicht zählbar** *(uncountable)* sind, werden andere Begriffe verwendet: *some / any / no water / information*

Merke: Anders als im Deutschen, in dem man *ein Wasser, eine Auskunft* sagen darf, wäre im Englischen **a water, *an information* falsch.
a bottle of milk / wine
a piece / loaf *(Laib)* of bread
a piece of advice / information

9. Übersetze die englischen Sätze ins Deutsche und die deutschen ins Englische:

1. Mother asked Ann to buy a loaf of bread, but she bought a bar of chocolate.
2. Wir bestellen ein Wasser und eine Cola.
3. I'd like a cup of tea and some bread-and-butter.
4. Onkel Jo gibt uns einen guten Rat.
5. Unser Nachbar bekam eine schlechte Nachricht.
6. Such paper as this is difficult to find.
7. Die Schüler hatten im Zeltlager wunderschönes Wetter.

Some, any und no

Some und **any** haben wir gerade als Begleiter von nichtzählbaren Substantiven kennengelernt. Sie werden wie folgt eingesetzt: ***some*** in Aussagesätzen, ***any*** in Frage- und in verneinten Aussagesätzen. In Negativsätzen, in denen das Verb nicht durch *not* verneint ist, steht ***no***.

We need some fresh air in this room.
Have you got any milk for the cat?
There is no information about London in this book.

10. Forme folgende Sätze um; beachte die Symbole:
+ Aussagesatz
– verneinter Aussagesatz
? Fragesatz

They have **no** news for Don. (?)
Do they have **any** news for Don?

1. There is some mineral water in the kitchen. (–)

....

2. His sister ordered some ice-cream. (?)

....

3. Does Carol need any help with the homework? (+)

....

4. The children should drink some tea. (–)

....

5. Grandma needs some advice about her medicine. (?)

....

6. The postman couldn't give me any information about the letter. (+)

....

Warnung vor doppelter Verneinung! Doppelte Verneinungen sind im Englischen unzulässig!

Mengenangaben

much milk

little milk

many sweets

few sweets

Much und many

Much bezeichnet eine große Menge und wird mit unzählbaren Begriffen (also Dingen, die du nicht mit eins, zwei, drei... abzählen kannst) verwendet:

There is much/a lot of/lots of milk in the first bottle.

Many bedeutet eine große Anzahl an zählbaren Dingen:

There are many/a lot of/lots of sweets in the first bag.

Wie die Beispiele zeigen, können beide durch *a lot of/lots of* ersetzt werden (üblich vor allem in Aussagesätzen).
Dagegen erscheinen *much* und *many* eher in Fragen und Negativsätzen.

11. Ersetze *a lot of / lots of* durch **much** oder **many**:

Lisa, Tim and Ufy go shopping for their weekend party.

1. They have to buy lots of /.................. things.
2. "Do we need a lot of /.................. bread?," Ufy asks.
3. "We don't need a lot of /.................. bread, because we also buy lots of / .... rolls *(Brötchen),*" Lisa answers.
4. The children also bring a lot of /.................. sausages from the butcher's.
5. Tim says: "We have lots of /.................. lemonade, but we still need a lot of /.................. bottles of mineral water."
6. To prepare a party is a lot of /.................. fun.

(A) little und (a) few

Little ist das Gegenteil von ***much*** und wird, wie dieses, mit unzählbaren Begriffen benutzt. ***Few***, das Gegenteil von ***many***, wird mit zählbaren Begriffen verwendet.
Sowohl ***little*** als auch ***few*** deuten auf eine sehr geringe Menge oder Anzahl, ***a little*** und ***a few*** dagegen deuten daraufhin, dass die Menge /Anzahl zwar klein ist, jedoch nicht zu übersehen.

12. *Little* oder *a little*? *Few* oder *a few* ?
Streiche das Falsche durch:

1. There is only little / a little lemonade left, not enough for the weekend.
2. There still is little / a little mineral water in the kitchen, we don't have to buy any today.
3. Few / A few people even started dancing during the concert.
4. The rain was too heavy, only few / a few people came.
5. We have little / a little money left, we can buy some postcards.
6. Our friends have little / a little money left, they can't buy anything else.
7. Helen made few / a few mistakes in her test, so she got a good mark.
8. John shouldn't go to the cinema again, he has few / a few things to do.

Das Pronomen

In der 5. Klasse hast du bereits gelernt, dass *Pronomen* Wörter sind, die man anstelle von schon erwähnten Substantiven benutzt, um die Wiederholung dieser Substantive zu vermeiden.

Es gibt *verschiedene Arten von Pronomen:*
- Personalpronomen
- Possessivpronomen
- Demonstrativpronomen
- Interrogativpronomen
- Indefinitpronomen

In diesem Kapitel lernst du etwas über das **Possessivpronomen**.

Das Possessivpronomen

Das Possessivpronomen stellt ein **Besitzverhältnis** dar:

Steve has got a dog.
His dog is friendly.

His wird anstelle von *Steve's* benutzt um die Wiederholung des Namens zu vermeiden. Es begleitet das Substantiv *dog* wie ein Adjektiv und wird deshalb adjektivisches Possessivpronomen genannt.

Ein Possessivpronomen kann aber auch gleichzeitig den Besitzer und den Besitz ersetzen:

Jane's dog is terrible.
Her dog is terrible.
Hers is terrible.

Hers (Jane's dog) ersetzt sowohl den Besitzer *(Jane)* als auch den Besitz *(dog),* ist also ein substantivisches Possessivpronomen.

Personalpronomen	**adjektivisches Possessivpronomen**	**substantivisches Possessivpronomen**
I	*my*	*mine*
you	*your*	*yours*
he	*his*	*his*
she	*her*	*hers*
it	*its*	-
we	*our*	*ours*
you	*your*	*yours*
they	*their*	*theirs*

Merke: Das substantivische Possessivpronomen ist im Englischen viel einfacher als im Deutschen, da es für jede Person nur eine Form hat, unabhängig von Genus, Numerus und Kasus.

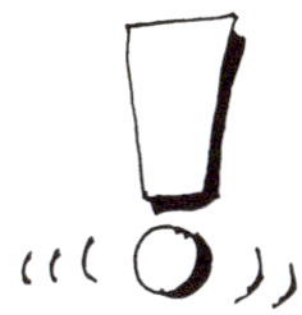

13. Bilde Sätze indem du die unterstrichenen Wörter durch substantivische Possessivpronomen ersetzt:
Beispiel:
My shoes are too small.
Mine are too large.

1. Your homework is right.
   ____________________ wrong.
2. Phil and Ted lost their tennis ball.
   The girls _____________________ too.
3. Kevin is going to ride his bike.
   Mark ______________________ too.
4. Our suggestions were welcome.
   __________________________ not so good.

<u>Das substantivische Possessivpronomen mit der Präposition *of*</u> wird mit den Formen des substantivischen Possessivpronomens und mit der Präposition *of,* welche der deutschen Präposition „von" entspricht, gebildet:

We met an old friend <u>of ours</u> in Rome.
Wir haben einen alten Freund <u>von uns</u> in Rom getroffen.

Zusammen mit den Demonstrativpronomen *this, that, these, those* drückt das substantivische Possessivpronomen mit *of*-Präposition **Unzufriedenheit** oder **Überraschung** aus:

This naughty *(ungezogen)* boy of yours put a dead mouse in my hat.

14. Ersetze die Konstruktionen in Klammern durch Konstruktionen mit einem substantivischen Possessivpronomen und der Präposition *of*:

1. I don't like ______________________________ (your hat).
2. Sue gave (three of her books) ______________________________ to the new pupil.
3. (Some of their guests) ______________________________ are very interesting people.
4. (Your dog) ______________________________ scared *(scheuchen)* the birds in our garden.
5. Helen doesn't need ______________________________ (his old-fashioned recorder).
6. (Four of our glasses) ______________________________ were broken during the party.

15. Übersetze ins Englische:

1. Vater sagt: „Ich habe für jeden etwas: Das Eis ist deins, Terry, die Schokolade ist eure, Ben und Sally, und die Bonbons sind seine."

____

____

2. Habt ihr euere Eintrittskarten?
Ich habe meine, aber Paula und Steve können ihre nicht finden.

____

____

3. Nehmt ihr euere Schlittschuhe *(skates)* mit?
Wir nehmen unsere, aber Jenny will ihre nicht mitnehmen.

____

____

Time for a joke!

16. Übersetze folgenden Witz ins Deutsche:

An elephant and a mouse are at the swimming pool. The elephant is in the water. Suddenly the mouse shouts at the elephant: „Come here!“
The elephant comes out of the water and asks: „What’s the matter?“
The mouse looks at him and says: „It’s all right. I wanted to see what swimsuit you had on. I can’t find mine.“

Das Demonstrativpronomen

This giraffe is very funny.

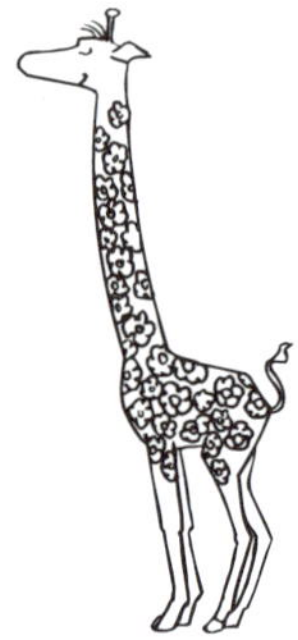

That camel is hungry.

These Lions are playing.

Let's have a look at **those** elephants?

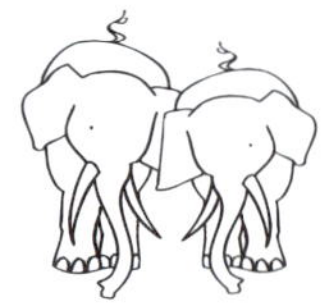

Das Demonstrativpronomen weist auf Personen oder Sachen hin, die anwesend sind oder schon erwähnt wurden, um diese hervorzuheben.

Personen oder Dinge können
- räumlich oder zeitlich **in der Nähe** sein:

  This flower smells sweet. (Einzahl)
  These roses have beautiful colours. (Mehrzahl)

- oder weiter **entfernt** liegen:

  Can you see *that* butterfly over there? (Einzahl)
  I still remember *those* noisy birds from last year. (Mehrzahl)

17. Setze die richtige Form ein: *this, these, that* oder *those*:

1. .... detective story from yesterday was too short.
2. .... science-fiction story here is very exciting.
3. .... historical films are better than .... we saw last month.
4. Shall we buy .... picture book or .... one over there?
5. .... CDs are Luke's favourites, ... on the upper shelf belong to Linda.
6. .... buildings we visited yesterday were rather old, ... museum has quite a modern architecture.

Das Interrogativpronomen

Das Interrrogativpronomen wird verwendet, um nach **Personen** und **Sachen** zu fragen:

Who is your best friend?
What's that funny thing over there?

Interrogativpronomen sind im Deutschen die so genannten **W-Fragewörter: w**er, **w**ie, **w**as, **w**arum etc.
Im Englischen ist es genauso: **w**ho, **w**hat, **w**hy, **w**here etc.
Ausnahme: **h**ow (Wie)

Who ist das Interrogativpronomen für **Personen**. Es kann Subjekt oder Objekt des Fragesatzes sein.

Wenn man mit *who* nach dem **Subjekt** fragt, benutzt man nicht die Formen von *to do*:

Tina gives the best answer.
Who gives the best answer?

Wenn ***who*** dagegen **Objekt des Fragesatzes** ist, muss man eine Form von ***to do*** benutzen:

They asked the **policeman** the way.
Who did they ask the way?

Das Interrogativpronomen ***whose*** fragt nach dem **Besitzer oder den Besitzern**:

This is **Becky's** bag.
Whose bag is it?

Wenn du förmliche Briefe oder ein Buch liest, werden dir die Formen *whom, to whom, about whom, from whom* etc. begegnen. In der Alltagssprache hörst du meist *who* und *who ... to/ about/ from* etc. (Präposition am Ende des Satzes).

18. Frage nach den markierten Begriffen:

1. James Bond is Mark's favourite film hero.

....

2. There is an article in the newspaper about "The Titanic".

....

3. Kevin Costner's fans write hundreds of letters.

....

4. The jury gave an "Oscar" to the actress of this film.

....

What ist das Interrogativpronomen für Sachen.

Wenn *what* von einer Präposition begleitet wird, steht diese in der förmlichen (meist geschriebenen) Sprache unmittelbar bei *what*:

About what are they talking?

In der Umgangssprache tritt die Präposition am Ende des Satzes auf:

What is this ice-cream made **of**?

19. Bilde Sätze aus den folgenden Wörtern mit Hilfe von *what:*

what

1. the/ to be/ name/ girl's
   ....
2. to need/ you/ these/ for/ books
   .... ?
3. did/ to buy/ postcards/ we
   ....
4. the story/ about/ you/ to be/ to read (-ing)
   ....

Mit **which** fragt man sowohl nach *Sachen* als auch nach *Personen*; im Gegensatz zu *who* und *what,* mit denen man nach *Personen* und *Dingen* fragt, von denen eine **unbegrenzte Auswahl** zur Verfügung steht, fragt man mit *which* nach Dingen, von denen eine **begrenzte Auswahl** vorhanden ist:

Which pop singer do you like best?
Which CD shall we buy for Chris?

20. Kreuze die richtige Lösung an und setze sie in den Satz ein:

1. .... would you like to have for dinner? ☐ Who ☐ What ☐ Which
2. .... did Jane meet yesterday? ☐ Who ☐ What ☐ Which
3. .... do the children go to the swimming-pool with? ☐ Who ☐ Whom ☐ Which
4. .... dress shall I buy, the blue or the green one? ☐ Who ☐ What ☐ Which
5. .... did George cut his finger with? ☐ Whom ☐ What ☐ Which
6. To .... do you want to send this letter? ☐ who ☐ whom ☐ what
7. .... team does Tom belong to, the red or the yellow one? ☐ Who ☐ What ☐ Which
8. .... brought the wonderful news? ☐ Who ☐ Whom ☐ What

Das Pronomen *one*

One kann verschiedene Funktionen haben. Es kann verwendet werden als

- **Zahlwort:**
  Jane received one cookery-book and two adventure books for her birthday.
  One swallow does not make a summer. (proverb)
- **unbestimmtes Pronomen:**
  One is never too old to learn.
  Man ist nie zu alt um zu lernen.

- **Ersatz von *you*:**
  One cannot have your cake and eat it. (proverb)
  Man kann nicht gleichzeitig seinen Kuchen behalten und essen.
- **Stützwort:** Um die Wiederholung eines Substantivs zu vermeiden, benutzt man oft *one* (Mehrzahl *ones*):
  Shall we take the early train? No, let's take the late one.
  Jean doesn't like the yellow flowers, she prefers the red *ones*.

One als Stützwort kann mit Artikeln *(the, a(n)*+Adj*)*, Pronomen *(this, that, these, those, which, each)* und Adjektiven *(large, red, nice* etc.) verwendet werden.

Beispiel: Which hat do you like best?
The best one is that brown one over there.

Merke : Im Deutschen braucht man ein solches Stützwort nicht:
Der Beste ist der Braune da drüben.

21. Setze folgende Formen mit dem Stützwort *one* an die richtigen Stellen im Satz:
one, the ones, this one, those ones, one, two French ones, these ones

1. Are you reading a book about vampires?
No, I am reading ______________ about ghosts.
2. Have you got many ghost books?
I have ____________ and my sister has got ________________________.
3. Do you mean _______________ she bought in France last year?
No, we gave _______________________ to Mary. My sister bought ________________ at the flea market *(Flohmarkt)* last summer.
4. Have you got a ghost mask for the carnival?
What I have is not exactly a ghost mask, but it looks like ___________.

Die indefiniten Pronomen: *some, any, no*

Some, any und *no* gehören zu den **indefiniten Pronomen** und deuten auf eine **unbestimmte Menge** oder **Anzahl** hin. Sie werden sowohl mit **zählbaren**, als auch mit **unzählbaren Substantiven** gebraucht:

Some birds leave in autumn and come back in spring.
Tell Linus to buy some milk and some cheese, please.

Grundsätzlich werden diese Pronomen wie folgt verwendet:

- *some* meist in positiven (bejahten) Sätzen (+):
  I need some paper.
- *any* in Fragen (?) und negativen (verneinten) Sätzen (-):
  Do you need any ink *(Tinte)*, too?
  No, I don't need any ink.
- *no* in Negativsätzen, die nicht mit *not* verneint werden:
  No, I need no ink.

Merke: Man kann im Englischen Sätze entweder mit *not* oder mit *no* verneinen. Die doppelte Verneinung ist nicht zulässig.

22. Forme folgende Sätze um. Achte auf die Symbole in den Klammern:
We need some currants (*Rosinen)* for our cake. (?)
Do we need any currants for our cake?

1. They haven't got any tomatoes. (–)
   ____
2. Is Diane going to buy any spices *(Gewürze)?* (+)
   ____
3. Put some more salt in the soup. (–)
   ____
4. I can't give you any eggs for your ice-cream. (+)
   ____
5. Dick and Steve have some time left for their starter *(Vorspeise)*. (?)
   ____
6. I know that Lucy bought some vanilla yesterday. (–)
   a. ______________________________
   b. ______________________________

Some kann auch in **Fragesätzen** verwendet werden

- wenn es sich um eine **Bitte**, ein **Angebot** handelt:
  May I have *some* more tea, please?
  Would you like *some* cream, too?
- wenn man eine **bejahte Antwort** erwartet:
  Shall I buy *some* bread for Grandmother, too?

Any wird auch in bejahten ***If*-Sätzen** gebraucht, die durch *wonder, ask, would like to know* etc. eingeführt werden:

I wonder *if* the children have *any* lemonade for their party.
The teacher asks the pupils *if* they have *any* more questions.

23. *Some*, *any* oder *no*? Kreuze die richtige Antwort an:

1. I wonder if we have ☐ some ☐ any ☐ no } books about volcanos.
2. Would you like ☐ some ☐ any ☐ no } more cake?
3. They want to know if he has ☐ some ☐ any ☐ no } news.
4. May we see ☐ some ☐ any ☐ no } cookery-books, please?
5. I'm sorry, we have ☐ some ☐ any ☐ no } cookery-books left.

Merke: Im Deutschen werden oft keine indefiniten Pronomen benutzt in Situationen, in denen diese im Englischen Pflicht sind:

Have we got any apples?
Haben wir Äpfel?
We haven't got any apples, but we have some oranges.
Wir haben keine Äpfel, aber wir haben Orangen.

24. Übersetze ins Englische:

The Greek salad

1. Wir haben Salz und Öl, aber wir haben keinen Essig.

2. Hast du gestern Oliven *(olives)* gekauft?

3. Frage bitte Ann, ob wir Käse haben.

4. Wir nehmen Tomaten, aber keine Zwiebeln *(onions)*.

5. Ich hoffe, du verwendest auch Knoblauch *(garlic)*.

6. Ich mag keinen Knoblauch in meinem Salat.

Die **Zusammensetzungen** von **some**, **any** und **no** werden nach denselben Regeln gebraucht:

bejahte Aussagen	verneinte Aussagen + Fragen	verneinte Aussagen (ohne *not*)
somebody	*anybody*	*nobody*
someone	*anyone*	*no one (none)*
somewhere	*anywhere*	*nowhere*
something	*anything*	*nothing*

Someone must go and look for the cat.
Elaine called it an hour ago, but it wasn't anywhere.

Nobody could tell me when he last saw it .
It's too late now. We can see nothing in the dark.

Every, everybody, everyone, everywhere

Every (everybody, everyone) hat im Deutschen die Bedeutung von *jeder, jede, jedes* **im Zusammenhang mit einer bestimmten Anzahl von Sachen oder Personen**.

Every person in this room had to buy an admission ticket.
Jede Person in diesem Raum musste eine Eintrittskarte kaufen.

Everybody must write his name in the visitors' book.
Jeder muss seinen Namen ins Besucherbuch eintragen.

25. Setze die passenden indefiniten Pronomen ein.

1. Are there ______________ letters for me?
2. If ____________________ calls, say that I'm out.
3. The key must be ______________________ in the room.
4. Could you give me ________________________ to drink, please?
5. We go ______________________________ at the weekend. We always stay at home.
6. I haven't got _____________________________ new to tell you.
7. ________________________ wanted to buy our car. We still have it.
8. You must be very careful on your trip to those rocks. There are snakes *(Schlangen)* _________________________
9. _________________ smoke without fire. (proverb)
10. ____________________ country has its customs *(Sitten)*.

26. Unterstreiche im folgenden Text alle indefiniten Pronomen und ihre Zusammensetzungen:

Have some fun!

A lady who was travelling by train entered a compartment *(Abteil)* and sat down near somebody. The gentleman who was sitting in front of her tried to say some words, but every time he started to say something the lady didn't give him any chance. So he said nothing more. Some time later he stood up and said: "Even if you don't want to hear any words, I must tell you something: I want that bag of strawberries *(Erdbeeren)* which you sat down upon when you came in."

Das Adjektiv

Wie du bereits weißt, beschreibt das Adjektiv Eigenschaften von Sachen und Personen. Diese Eigenschaften werden entweder einfach nur erwähnt, z. B.: *This sunrise is wonderful,* oder miteinander verglichen (gesteigert), z. B. *Rita finds sunsets more romantic than sunrises.*

Die Steigerung des Adjektivs

Wenn zwei Gegenstände, Personen etc. miteinander verglichen werden, gibt es zwei Möglichkeiten:

- **Gleichheit** der Eigenschaften
- **Ungleichheit** der Eigenschaften

Die Gleichheit wird im Englischen mit Hilfe der Konstruktion *as* + Adjektiv + *as* ausgedrückt:

The history of Great Britain is as interesting as that of Germany.
Die Geschichte Großbritanniens ist genauso interessant wie die Geschichte Deutschlands.

Eine Ungleichheit wird durch folgende Konstruktionen wiedergegeben:

not as/so + Adjektiv + *as*
less + Adjektiv + *than*

The English ships were not as/so big as the Spanish ships.
The Spanish ships were less fast than the English ones.

Tipp

Eine Ungleichheit kann unter dem Aspekt betrachtet werden, dass eine bestimmte Eigenschaft in **geringerem Maße** gegeben ist **(<)** oder dass sie **stärker (>)** vorhanden ist.

27. Vervollständige folgende Sätze mit Hilfe der Symbole und Wörter in Klammern:

1. Our arguments are ______________________________ yours. (= strong)
2. These cherries are ______________________________ the plums. (< sweet)
3. Cross-country running *(Langlauf)* is ______________ skiing. (< dangerous)
4. The new teacher is ____________________ the old one. (= boring)

Wenn die Eigenschaft(en) einer Person, eines Gegenstandes etc. anderen überlegen ist (sind), haben wir zwei Steigerungsstufen:
Komparativ *(comparative)*
Superlativ *(superlative)*

In beiden Fällen muss man im Englischen die Länge der Adjektive beachten:

Die **kurzen Adjektive** (alle einsilbigen und einige zweisilbige) bilden
- den Komparativ mit Hilfe der Endung *–er*, die an die Grundform angehängt wird:
  Berlin is **bigger** than Frankfurt.
- den Superlativ mit Hilfe der Endung *–est*, die der Grundform hinzugefügt wird:
  Bavaria is the **biggest** German Federal State.

Zu den zweisilbigen Adjektiven, die mit *–er*, bzw. *–est* gesteigert werden können, gehören die Adjektive, die auf *–y* enden: *busy, dirty, early, funny, heavy, pretty,* sowie *clever, gentle, narrow, polite, quiet, simple* u.a.

Falls du nicht mehr so genau die Besonderheiten der Schreibweise der kurzen Adjektive im Komparativ und Superlativ kennst, schau einfach in dem Grammatikbuch der 5. Jahrgangsstufe nach!

Die **langen Adjektive** (zwei- und mehrsilbig) bilden den Komparativ mit Hilfe von *more*, das vor das Adjektiv platziert wird:

Our favourite clown was more successful than the other ones.

Merke: Nur mit *more* werden zweisilbige Adjektive wie *afraid, famous, nervous* etc. gesteigert. Andere Adjektive wie *clever, friendly, gentle, handsome, polite, quiet* u.a. können sowohl mit *–er* als auch mit *more* gesteigert werden:

The Wilsons' sons are more handsome than we had expected.

More wird auch zur Steigerung von zusammengesetzten Adjektiven eingesetzt:
Diana is more ill-tempered (*schlechter gelaunt*) than her brother because of the bad weather.

Der Superlativ der erwähnten Adjektive wird mit Hilfe von *most* gebildet. Dieses wird oft von dem bestimmten Artikel *the* und von der Präposition *of* begleitet:

Stephen's speech about animal protection was the most important (of all).

Die Ergänzungen, die in Zusammenhang mit dem Komparativ aufgelistet wurden, gelten im Superlativ genauso:

Alan is the politest/the most polite in our class.
He is also the most self-conscious of all.

28. Finde die Adjektive im folgenden Limerick und setze sie in den Komparativ und Superlativ:

There was a young girl of Asturias
Whose temper *(Laune)* was frantic *(wild)* and furious
She used to throw eggs
At her grandmother's legs –
A habit unpleasant, but curious *(sonderbar)*.

Adjektiv	Komparativ	Superlativ

29. Suche die passenden Adjektive aus dem Kasten aus und setze sie in die folgenden Sätze im Komparativ oder im Superlativ ein:

1. Apples are ______________________________ in winter than in summer.
2. George is the ______________________________ of all. He works on his project four hours every day.
3. This street is ______________________________ than the other one. We can't drive in.
4. Our parrot *(Papagei)* is the ______________________ of all. He can speak three languages.
5. Nobody can make a ______________________________ plum pudding than Jimmy's grandmother.
6. Our new neighbours look ________________________ than the old ones.

friendly
delicious
clever
narrow
hardworking
expensive

Die unregelmäßige Steigerung

Adjektiv	Komparativ	Superlativ
good	*better*	*best*
bad	*worse*	*worst*
much *many*	*more*	*most*

Jenny is <u>better</u> at skiing than many of her class mates, but Barbara is <u>the best</u>.
Last month I read <u>more</u> science fiction books than this month but <u>most</u> of them were not as interesting as I expected.

Zusammengesetzte Adjektive mit *good* werden mit den unregelmäßigen Formen dieses Adjektivs gesteigert:

good-humoured *(gut gelaunt)*
Today Helen is better-humoured than yesterday.
Alec is the best-humoured of all.

Die allmähliche Steigerung

Das deutsche „immer mehr" wird im Englischen durch die Wiederholung des Komparativs wiedergegeben:

Mark's sister is getting prettier and prettier.
Marks Schwester wird immer hübscher.

Merke: Bei den langen Adjektiven wird nur *more* wiederholt:

Flying seems to be becoming more and more dangerous.
Fliegen scheint immer gefährlicher zu werden.

Die negative Steigerung „immer weniger" wird durch *less and less* ausgedrückt:

We are worried about Andrew: his work seems less and less important to him.
Wir machen uns Sorgen um Andrew: Seine Arbeit scheint immer weniger wichtig für ihn zu sein.

30. Übersetze ins Englische!

1. Heutzutage wird das Reisen von einem Land zum anderen immer leichter.

   ____

2. Flugzeuge werden immer schneller.

   ____

3. Es ist auch immer weniger schwierig, für fremde Länder ein Visum zu bekommen.

   ____

4. Reisebüros bieten immer interessantere Reisen für jede Jahreszeit an.

   ____

Die Steigerung mit je + Komparativ ... desto/um so + Komparativ

Diese Art des Vergleichs wird im Englischen durch
the + Komparativ ... *the* + Komparativ wiedergegeben:

The more we are together, the merrier we shall be. (song)
Je mehr wir zusammen sind, desto fröhlicher sind wir.
The more exciting the story becomes, the more interested Miss Marple is in it.
Je aufregender the Geschichte wird, desto mehr interessiert sich Miss Marple dafür.

Merke: Diese Konstruktion wird bei der Steigerung von Adverbien ebenso angewendet:
The better we know Lucy's friends, the more we like them.
Je besser wir Lucys Freunde kennen, um so mehr mögen wir sie.

31. Have some fun!
Übersetze folgenden Text ins Deutsche und schreibe die Sätze auf die untenstehenden Leerzeilen.
The more we study, the more we know.
The more we know, the more we forget.
The more we forget, the less we know.
The less we know, the less we forget.
The less we forget, the more we know.
So why study?

Das Adverb

It's raining heavily.
Lisa falls and hurts herself badly.

Adverbien werden zur näheren Bestimmung von Verben, aber auch von Adjektiven und anderen Adverbien benutzt:

Our friends won the game easily.
The coach was very happy.
The adversaries played unexpectedly well.

Bildung der Adverbien

A: Regelmäßige Bildung
Im Deutschen haben Adjektive und Adverbien meistens dieselbe Form. Im Englischen werden die meisten Adverbien aus Adjektiven abgeleitet, häufig mittels der Endung *–ly*, die dem Adjektiv angehängt wird:

Tom' s uncle is a **careful** driver.
He always drives **careful*ly***.

Adjektive, die bereits auf *–ly* enden, werden nicht in Adverbien umgewandelt, sondern in Konstruktionen wie *in a* + Adjektiv + *way/manner* verwendet:

Clarissa has a lovely smile.
She smiles in a lovely way.

Diese Konstruktion verwendet man auch für andere Adjektive, aus denen sich keine Adverbien ableiten lassen: *fascinating, difficult, woolen, English etc.*:

The film about the *Titanic* is fascinating.
It illustrates the story of the *Titanic* in an fascinating way.

32. Zaubere Adverbien aus folgenden Adjektiven. Beachte die Besonderheiten in der Schreibweise:

B: Unregelmäßige Bildung
Dazu gehören Adverbien, die entweder ganz anders als die entsprechenden Adjektive sind:
well – good

Tina wrote a good essay.
Tina wrote her essay well.

oder zwar mit *–ly* gebildet werden, aber Unregelmäßigkeiten in der Schreibweise aufweisen:
wholly – whole
truly – true

Romeo was a true lover.
He truly loved his Julia.

C: Formgleiche Adjektive und Adverbien
Dazu gehören Adverbien wie: *daily, early, late, far, fast, hard, long, straight*

The terrible news was in the daily newspaper.
My father reads this newspaper daily.

D: Adverbien, die nicht von Adjektiven stammen

- der Zeit: *now, today, then, soon* **und**
- der Häufigkeit: *always, never, seldom, often, sometimes*
- des Ortes: *here, there, somewhere*
- der Art und Weise: *politely, rapidly, deeply, very, also, quite*

Terry's family often go shopping in the new department store.
They find everything there. We should also try it once.

33. Im folgenden Buchstabenlaster stecken 15 Adverbien. Finde sie und trage sie ein, wo sie hingehören:

A: ________________
____
____
____

B: ________________
____
____
____

C: ________________
____
____
____

D: ________________
____
____
____

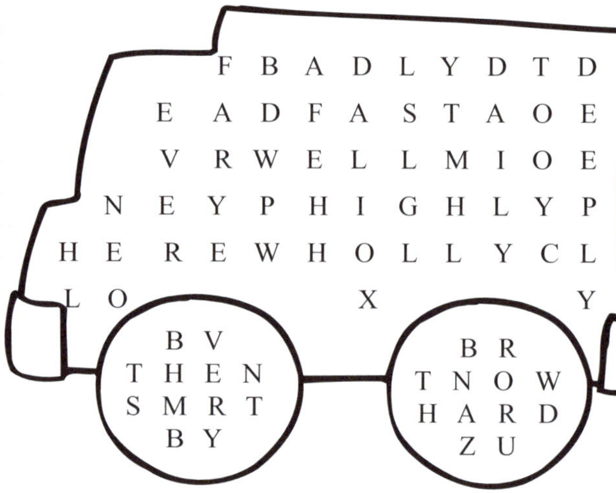

Sonderfälle: Verben wie *to get, to become, to turn, to seem, to look, to taste, to smell, to feel*, die in der Bedeutung mit dem Verb *to be* vergleichbar sind, werden nicht mit Adverbien, sondern **mit Adjektiven** gebraucht:

The crew get ready for the flight.
The food they serve on the plane looks good.

Merke: Wenn die erwähnten Verben nicht in Zusammenhang mit der Eigenschaft eines Gegenstandes auftreten, sondern die Tätigkeit des ***Schauens, Probierens, Riechens***, etc. ausdrücken, dann werden sie mit Adverbien benutzt:

Muriel tastes the soup carefully.
carefully (Adverb) zeigt, wie Muriel handelt
The soup tastes good.
good (Adjektiv) zeigt, wie die Suppe ist

34. Adverb oder Adjektiv? Trage die passende Form in die nächsten Sätze ein:

Lisa, Tom and Ufy want to cook for their friends.

1. Lisa: "Let's make a pizza. Last time when we prepared one, it turned out ________________________ (delicious/deliciously)."
2. Tom: "Yes, it tasted ________________________ (good/well), but it looked ________________________ (terrible/terribly)."
3. Ufy: "This time we must prepare it very ________________________ (careful/ carefully)."
4. Tom: "The tomatoes for the sauce seem ________________________ (fresh/freshly)."
5. Lisa: "Yes, I smelled them ________________________ (quick/quickly) before I bought them. Tomatoes feel ________________________ (soft/softly) when they are not fresh."

35. Eine Aufgabe für Könner – übersetze ins Englische:

1. Die Kinder probierten schnell den Kuchen. Er schmeckte komisch.

____

____

2. Die Geschichte klingt aufregend, aber die Bilder sehen fürchterlich aus.

____

____

3. Macht euch fertig (verwende *get*), sonst verpassen wir den Zug.

____

____

Stellung des Adverbs

Adverbien, die Adjektive oder andere Adverbien begleiten, stehen meist vor diesen Adjektiven oder Adverbien:

Our picnic was not very successful.
Kevin's dog opened the picnic basket quite easily
and ate our sandwiches.

Adverbien, die Verben näher bestimmen, können verschiedene Stellungen im Satz annehmen:

vor und nach dem Verb:

My grandparents often visit us unexpectedly.

am Anfang und am Ende eines Satzes:

Once my grandmother prepared such a good cake
that my mother had to make it for us too.

Merke: Im Gegensatz zum Deutschen dürfen im Englischen das Verb und das Objekt durch Adverbien nicht getrennt werden.

They always bring some delicious cake with them.
Adv. V O

Sie bringen immer einen köstlichen Kuchen mit.
V Adv. O

36. Bilde sinnvolle Sätze. Achte dabei auf die Stellung der Adverbien:

1. Loch Ness/is/the/monster/famous/quite

___

2. her/usually/call/people/Nessie

___

3. comes out/the tourists/terribly/of the water/she/sometimes/and/frightens

___

4. enough/nobody/her/well/knows

___

5. that/think/often/people/see/they/her/some/normal/object/but/is/usually/it

___

Stellung der Adverbien der Häufigkeit (adverbs of frequency)

Die **Adverbien der Häufigkeit** *usually, normally, regularly* (regelmäßig), *sometimes, often, seldom, ever, never, always* **stehen im Englischen meistens zwischen Subjekt und Verb**. Im Deutschen dagegen treten sie eher nach dem Verb auf.
Die **dazugehörenden Adverbialien** (Wortgruppen, welche die Rolle von Adverbien ausüben): *every day/week, in the afternoons, on Mondays* etc. **stehen normalerweise am Ende oder am Anfang des Satzes**:

> *Dennis normally plays football on Mondays.*
> Dennis spielt normalerweise montags Fußball.

Merke: Die Adverbien der Häufigkeit stehen nach dem Verb *to be* und zwischen Hilfsverb und Vollverb:

> She is seldom at home.
> Sandie must often work at weekends.

37. Stelle die Adverbien in Klammern an die richtige Stelle im Satz:
Talking about hobbies

1. What do you do at weekends? (usually)
   ____
   We go to the theatre and we go to the opera. (often, sometimes)
   ____
2. Do you go to the cinema? (regularly)
   ____
   Yes, I do, but I don't watch/don't go to see war films. (never) (*no* wird ersetzt)
   ____
3. Are you interested in mountain-climbing?
   Not exactly. We go for walks in the mountains, but we never go mountain-climbing. (once a week, seldom) (*never* wird ersetzt)
   ____
4. What do you enjoy doing? (on Sundays)
   ____
   I am with my friends and we go riding. (always, every Sunday morning)
   ____
   ____

Stellung von mehreren Adverbien im Satz

In einem Satz können zwei und mehrere unterschiedliche Adverbien (oder Adverbialien) auftreten. Diese können nicht beliebig gesetzt werden, da eine bestimmte Reihenfolge beachtet werden muss:

1.	2.	3.
Adv. der Art und Weise	Adv. des Ortes	Adv. der Zeit
adv. of manner	*adv. of place*	*adv. of time*

Tipp

Diese Reihenfolge kannst du dir ganz leicht merken, indem du daran denkst, dass die Anfangsbuchstaben der englischen Bezeichnungen: *manner, place, time*, ihrer Reihenfolge im Alphabet entsprechen: ... M N O P Q R S T ...

Mother's friends were talking merrily in the living room at tea-time.
M P T

38. Übersetze ins Englische. Beginne die Sätze immer mit dem Subjekt:

1. Morgen wird es hier stark regnen.

2. John erschien (*appear*) gestern unerwartet bei der Geburtstagsfeier.

3. Nach dem Abendessen schlief das Baby ruhig in seinem Zimmer.

4. Die Jungen spielten von fünf bis sieben Uhr laut im Garten.

5. Wo ist Teds Hund? Vor einer Stunde bellte er ungeduldig auf dem Rücksitz seines Autos.

6. Der Politiker sprach überzeugend beim Meeting letzten Montag.

Steigerung des Adverbs

Regelmäßige Steigerung

Die Steigerung des Adverbs deckt sich weitgehend mit der Steigerung des Adjektivs:
die kurzen Adverbien werden gesteigert mit

- *-er* im Komparativ:
  My brother drives fast.
  His girlfriend drives faster.
- *-est* im Superlativ:
  Our 80-year-old grandfather drives fastest.

bei den langen Adverbien verwendet man

- *more* im Komparativ:
  Detective Clark solved the case easily.
  The police solved it even more easily than Detective Clark.
- *most* im Superlativ:
  Miss Marple, of course, solved the case most easily of all.

Man kann auch Handlungen, Ereignisse etc. vergleichen, die als **gleichwertig** dargestellt werden: *as ... as*:

Mark works as hard as Edgar.

oder von denen eine/eines weniger wichtig als die/das andere ist:

not as/so ... as
less ... than

Mary dances less beautifully than Elisabeth.

39. Bilde Sätze entsprechend dem Muster:

It is raining more heavily now than at noon.

1. ______________________________

2. ______________________________

rain / heavily

wait/ impatienly

paint/ skillfully

3. ______________________________________

behave/ politely

4. ______________________________________

drive/ dangerously

Unregelmäßige Steigerung
Wie einige Adjektive weisen einige Adverbien eine unregelmäßige Steigerung auf, die du dir gut einprägen musst:

Adverb	Komparativ	Superlativ
well	*better*	*best*
badly	*worse*	*worst*
much	*more*	*most*
little	*less*	*least*
far	*farther* (weiter, entfernter)	*farthest* (am weitesten – räumlich)
	further (weiter, zusätzlich)	*furthest* (im höchsten Grade)

Claire can throw the ball farther than her brother.
The evening paper brought further information about the hurricane.

40. Das auf der folgenden Seite abgebildete Kamel trägt sechs unregelmäßige Formen. Finde sie mit Hilfe folgender Sätze:

1. Helen: 45 kg. John: 48 kg. Andrew: 50 kg.
   Helen weighs _____________.
2. Those laugh _____________ who laugh last. (proverb)
3. Our friend talked little and his sister even _____________.
4. The teacher is very angry: the pupils did their work badly and Tom did it _____________ of all.
5. I will buy the white shoes. I like them ___________ than the grey ones.
6. This plane will fly far, but the big plane over there will fly _____________ of all.

Als Lösungswort erhältst du etwas, das das Kamel sehr lange in seinem Körper speichern kann.

Lösungswort:

___ ___ ___ ___ ___

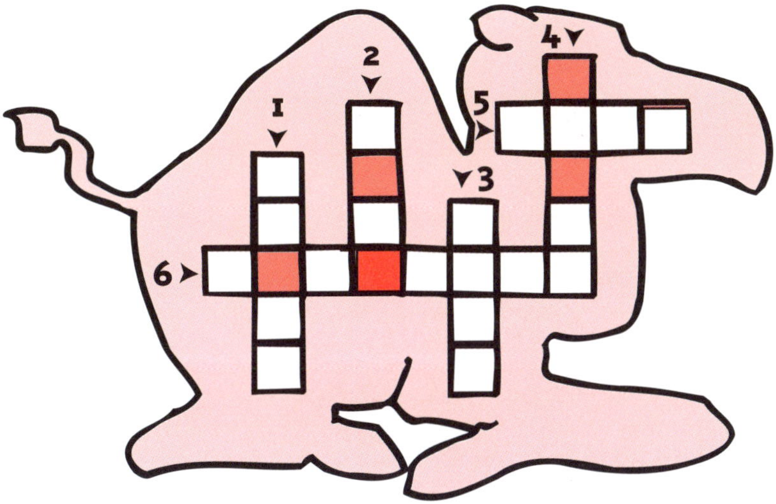

Das Verb

Die Grundkenntnisse über das Verb hast du dir bereits in der 5. Jahrgangsstufe angeeignet. Im folgenden Kapitel lernst du daher neue Zeitformen kennen, mit denen dasVerb gebraucht werden kann.

Present Perfect

Merke: Das *present perfect* ist eine Zeitform, die in der Bauweise dem deutschen Perfekt sehr ähnlich ist, im Gebrauch aber vom Deutschen stark abweicht:

Have you ever visited a film studio?
Yes, I have. I have visited the Bavaria Film Studio several times.
Hast du je ein Filmstudio besichtigt?
Ja, ich habe ein paar mal das Bavaria Filmstudio besichtigt.

Wie im Deutschen wird das *present perfect* mit der zum Subjekt passenden Form vom Hilfsverb *to have (have/has)* und dem *past participle,* also der dritten Form des Verbs *(looked, spoken* etc.*)* gebildet:

We have seen many costumes. Wir haben viele Kostüme gesehen.

Lucy has met a famous actor.
Lucy hat einen bekannten Schauspieler kennen gelernt.

Merke: Im Englischen werden die Formen von *to have* benutzt, selbst wenn im Deutschen das Perfekt mit einer Form von „sein" gebildet wird:

The girls have just left. Die Mädchen sind gerade gegangen.

41. Bilde sinnvolle Sätze mit folgenden Satzteilen:

1. Jane and Luke		taught their dog to fetch a ball.
2. We	have	borrowed some books from Ann.
3. Terry	has	written a poem for Maria.
4. Poor Tommy! He		lost his bag.

Die **Verneinung** des *present perfect* wird gebildet, indem man *not* dem Hilfsverb nachstellt:

Jennifer has not (hasn't) understood the joke.

Die **Frage** erfolgt durch Inversion (Umstellung) des Subjekts und des Hilfsverbs:

Has the stunt man really jumped from that high tower?
No, he has not (hasn't)

Merke: Anders als im Deutschen steht im Englischen sowohl in Aussagesätzen als auch in Fragen und Verneinung das Objekt stets nach dem Prädikat:

Have the pupils met James Bond, too, at the film studio?
Haben die Schüler auch James Bond im Filmstudio getroffen?

We haven't seen the Indian village yet.
Wir haben das Indianerdorf noch nicht gesehen.

42. Danny, Linda, Kevin and Molly are making preparations for a weekend trip. They check the list of what they have done so far.
Bilde einen Dialog mit den folgenden Angaben. Die Symbole in Klammern zeigen dir, ob es sich um einen Aussagesatz, eine Frage oder eine Verneinung handelt:

1. Danny – I/hope/we/get/everything (+)

2. Linda – you/take/torches/with you/some (?)

3. Kevin – yes/but/I/buy/any/batteries/yet (–)

4. Molly – anyone/pack/any/medicine (?)

5. Linda – I/buy/some/plasters/and some aspirin (+)

6. Kevin – I can't take my guitar. Mr Smith/repair/it/yet (-)

7. Denny – you/ask/parents/buy/new one (?)

8. Molly – Never mind! I/ borrow/one/from my cousin (+)

Present perfect wird verwendet, wenn eine Handlung oder ein Ereignis in der Vergangenheit angefangen hat und noch nicht abgeschlossen ist:

Our school team has trained a lot for the championship.
Unsere Schulmannschaft hat viel für die Meisterschaft trainiert (und trainiert immer noch).

Merke: Oft wird im Englischen *present perfect* in Situationen benutzt, in denen im Deutschen das Präsens verwendet wird:

I have known Dave since 1980.
Ich kenne Dave seit 1980.

Sarah has learnt Spanish for three years.
Sarah lernt Spanisch seit drei Jahren.

Since und *for* sind zwei typische **Präpositionen** für den Gebrauch des *present perfect*. Wie das Beispiel zeigt, deutet *since* auf den **Zeitpunkt**, an dem eine Handlung begonnen hat, *for* auf die **Dauer** dieser Handlung. Beide werden im Deutschen mit „seit" übersetzt.

Das *present perfect* wird auch verwendet, wenn eine Handlung zwar abgeschlossen ist, ihre Auswirkung oder Folgen aber noch gegenwärtig sind:

Jake has painted his bike black and yellow.

43. Übersetze ins Englische. Beachte den unterschiedlichen Zeitgebrauch im Englischen und Deutschen:

1. Wir kennen die Winters seit zehn Jahren.
2. Onkel Jack hat diesen Oldtimer seit 1954.
3. Fatima spielt seit ihrem fünften Geburtstag Klavier.
4. Fumiko lebt seit acht Monaten in Deutschland.
5. Harald lernt seit einem halben Jahr Französisch.
6. Wer pflegt den Garten unseres Nachbars seit seinem Unfall?

***Present perfect* oder *simple past*?**
Dies ist eine Frage, die nicht nur Anfängern Schwierigkeiten bereitet. Im Gegensatz zum Deutschen, in dem Perfekt und Präteritum oft austauschbar sind, können im Englischen *present perfect* und *past tense* nicht beliebig eingesetzt werden.

Past tense drückt ein Geschehen aus, das in der Vergangenheit zu einem bestimmten Zeitpunkt stattfand und in der Gegenwart als abgeschlossen gilt:

Christopher Columbus sailed to America in 1492.

Past tense wird mit bestimmten Zeitangaben benutzt, z. B.: *dates* (*April 23rd, 1616* etc.), *last, before, after, ago, when, then, once,* etc.

Beispiel:
We met Steve in September 1991, when he came to Berlin to study German. After his studies he went back to England.

Present perfect dagegen bezieht sich auf eine Handlung in der Vergangenheit, die zeitlich nicht festgelegt und deren Auswirkung noch spürbar ist:

The Americans have sent several spaceships to the moon.

Hier fasst die *present perfect* Form alle bisherigen Vorgänge (Mondfahrten), sowie die Annahme, dass weitere folgen werden, zusammen.

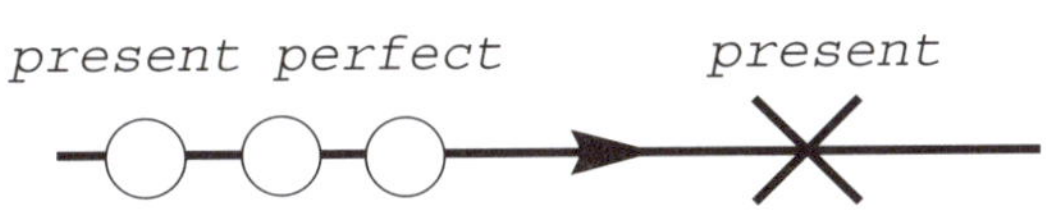

Present perfect wird mit folgenden Angaben gebraucht: *ever, never, already, just, (not) yet, so far, lately, recently, since, for:*

The neighbour's sons and I have recently played football in their garden.
The neighbour hasn't noticed the broken window so far.

44. *Present perfect* oder *past tense*? Setze die Verben in Klammern in der richtigen Form ein. Die vorhandenen Adverbien helfen dir dabei:

Talking about UFOs

Lynn: "_____________ ever _____________ (to see) a UFO?" (1)

George: "No, _____________ (to see) any yet, but I _____________ (to read) a book about them last summer." (2)

Ted: "My grandmother says she _____________ (to notice) two lately, and once she even _____________ (to take) a photo of one." (3)

Amir: "Plenty of people _____________ (to claim) to _____________ (to observe – *beobachten*) some UFOs, but most of these objects _____________actually _____________ (to be) normal planes or balloons." (4)

Diane: "Some years ago a man even _____________ (to construct) an object like a UFO, _____________ (to film) it and _____________ (to tell) everybody that he _____________ (to discover) it in the sky." (5)

45. Setze die Verben in Klammern im *present perfect* oder *past tense* ein. Ändere die Reihenfolge der Wörter, wenn nötig:

1. I _____________ Clarissa again yesterday. (to meet)
2. I _____________ her already three times this week. (to meet)
3. Robin's first book _____________ in 1974. (to appear)
4. He _____________ another four books since then. (to write)
5. _____________ you already the Christmas tree? (to decorate)
6. Yes, I _____________ it two hours ago. (to finish)
7. What _____________ to your hat? (to happen) It looks quite funny.
8. It _____________ into a puddle *(Pfütze)* on the way here. (to fall).

Present Perfect Continuous

Das *present perfect continuous* wird mit der *present perfect*-Form vom Hilfsverb *to be (have been/has been)* und der *–ing* Form des Vollverbs gebildet:

Elly's aunt <u>has been taking</u> care of abandoned *(ausgesetzt)* animals for years.

Die Verlaufsform des *present perfect* drückt einen Vorgang aus, der in der Vergangenheit angefangen hat und sich bis in die Gegenwart fortsetzt. Noch mehr als das einfache *present perfect* hebt die Verlaufsform die Kontinuität einer Handlung hervor und wird infolgedessen mit Verben wie *to live, to work, to learn, to study, to teach, to speak (a foreign language), to wait etc.* gebraucht:

> Mr and Mrs Clark have been living in this house since their marriage.
> He has been working at the Central Bank, she has been teaching English at St. Martin's College.

46. Bilde Sätze mit dem *present perfect continuous* anhand von folgenden Angaben und Bildern:

Beispiel:

Steve has been playing the trumpet for five years.

Steve

1. ______________________________

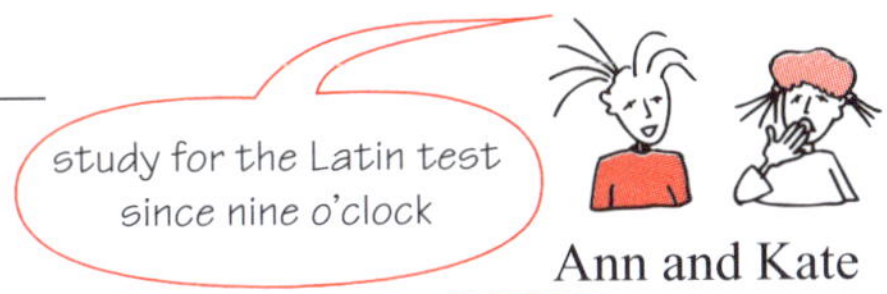

Ann and Kate

2. ______________________________

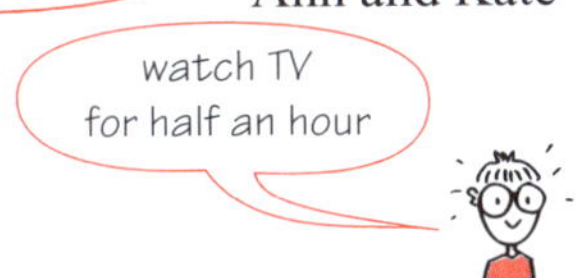

little Timmy

3. ______________________________

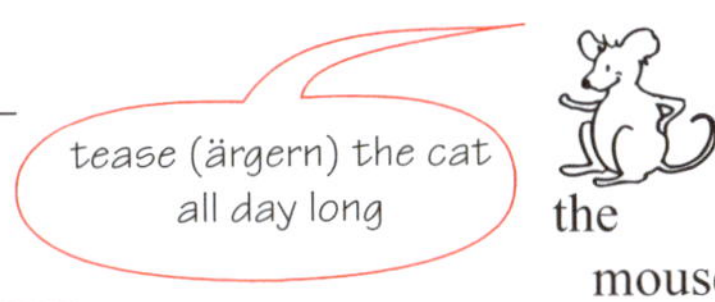

the mouse

4. ______________________________

I

Das Futur

Mr Bean will step on the banana skin.
He will fall down.
Everybody will laugh at him.

Die drei unterstrichenen Verben gehören zu der Zeitform, die als **Futur** bezeichnet wird.
Es gibt im Englischen mehrere Möglichkeiten über ein Geschehen in der Zukunft zu berichten:
- *will/shall*
- *to be going to*
- *simple present* und *present continuous*

Das ***will–future*** bildet man mit *will* (seltener mit *shall*) und der Infinitivform des Verbs ohne *to*:

Steve will meet Linda at the station.
Linda will be very happy to see him again.

Das ***will – future*** wird in folgenden Situationen verwendet:
- **um eine Vorhersage zu äußern:**
  Next year our team will be even more successful.
  This medicine will save thousands of lives.
- **um eine Vermutung oder Hoffnung auszudrücken:**
  I think the water will be warm enough to swim in.
  If the lake freezes Elly and Dan will go skating.

In diesem Zusammenhang werden Verben wie *to think, to believe, to suppose, to hope, to be afraid* verwendet:
  We suppose Peter will marry Jennifer soon.
  I'm afraid it will rain in the afternoon.

Die **Verneinung** bildet man, indem man *not* dem Hilfsverb *will/shall* nachstellt: *will not (won't), shall not (shan't):*

We will not (won't) have any news from the expedition before the end of the week.

Die **Frageform** entsteht durch Inversion des Subjekts und der Verbform *will/shall:*

Will they try to climb Mount Everest?

47. Bilde Sätze mit den folgenden Angaben:
Helen has read a book about fortune-telling (Wahrsagerei).
Now she is practising with her schoolmates:

1. Julia/meet/nice boy/next weekend

___

2. someone/tell/Daniel/good news/on Monday

___

3. Kevin/not win/lottery/this week

___

4. Lucy/lose/favourite thing/but/find/again

___

5. future/ bring/Tony/change? No, it won't.

___

48. Beschreibe in ganzen Sätzen was die unten genannten Personen am kommenden Freitag tun werden. Benutze verschiedene Verben: *to go, to be, to visit, to see, to do, to phone* etc.:

Time	Joan	Tim	Liza	Terry	Molly	Dad	Ann + Dick
8						shopping	
10	dentist's						
12				optician			
14		museum					
16					hairdresser's		
18			aunt Lucy				
20							party

Beachte, dass die Zeitangaben im Englischen anders sind als im Deutschen: 14, 16 etc. = 2 p.m., 4 p.m. etc.

Beispiel:
At 8 o'clock Dad will do some shopping.

1. ______________________________
2. ______________________________
3. ______________________________
4. ______________________________
5. ______________________________
6. ______________________________

Futur der Modalverben

Die **Modalverben haben keine eigene Futurform**, deswegen werden sie im Futur durch sinngleiche Verben ersetzt:

can – be able to
must – have to
may – be allowed to

this year	**next year**
Ben can speak a little Spanish.	Ben will be able to speak Spanish much better.
We must paint the doors.	We'll have to paint the whole house.
Alice may go alone to the college in town.	Alice will be allowed to go alone abroad.

49. Vervollständige folgende Sätze mit Verben im Futur:

1. Now we can sing a few English songs.
   Next year ______________________ a lot more.
2. Today Amy must answer three letters.
   Tomorrow ______________________ another two.
3. This week we must clean the cellar.
   Next week ______________________ the attic, too.
4. Planes can fly very fast now.
   In the future ______________________ much faster.
5. The children have a puppy *(Welpe)*. Now they may feed it and soon they ______________________ to play with it a little.

Das Futur mit ***going to*** wird wie folgt gebildet:
Präsens von *to be* + *going to* + Infinitiv des Verbs ohne *to*

We are going to see Aunt Mary on Sunday.
We are going to plant some tulip bulbs *(Tulpenzwiebeln)* in the garden.

Die **Verneinung** wird gebildet, indem man *not* der vorhandenen Form von *to be* nachstellt:

Father is not going to write the article for the newspaper.

Die **Frage** entsteht durch die Inversion des Subjekts und der Form von *to be:*

Is Liz going to have her hair cut?

Wie aus den vier Beispielen ersichtlich wird, drückt diese Futurform eine von Seiten des Sprechers beabsichtigte oder geplante Handlung aus. So kann man diese Form mit „vorhaben", „planen", „beabsichtigen" übersetzen.

50. Trage die fehlenden Sätze ein. Beachte das Beispiel:

Are you going to buy a pair of shoes or a pair of boots?
I am not going to buy a pair of shoes.
I'm going to buy a pair of boots.

Aunt Helen is very curious. She wants to know everything about Harry:

1. ______________________________?
   Harry is not going to drive to Rome.
   ____

2. ______________________________?
   ____
   His parents are going to come later.

3. Is Harry going to study or to marry in Rome?
   ____
   ____

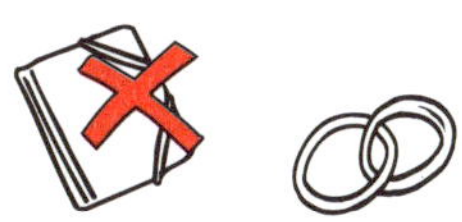

4. ________________________________?
Harry and his wife are not going to live in Rome.
____

5. Are they going to speak English or Italian with each other?
____
____

Der Unterschied zum *will-future* besteht also darin, dass die *will*-Form Handlungen darstellt, welche auch ohne Einwirkung des Sprechers auftreten:

In July we'll have plenty of sunshine.
The days will be long and the nights short.

Es ist allerdings zu beachten, dass die Anwendung des *will-future* und/oder des *going to-future* nicht sehr streng festgelegt ist. Oft kann man für eine zukünftige Handlung beide Formen mit geringem Unterschied in der Bedeutung benutzen:

It will rain in the afternoon. *(Wettervorhersage)*
It's going to rain in the afternoon. *(Vermutung des Sprechers aufgrund von Wetterverhältnissen)*

51. Übertrage folgende Sätze ins Englische:

1. Die Mutter von Sue und Larry wird am Sonntag (ihren) Geburtstag haben.
____
2. Die Kinder planen, ihr eine Überraschung zu machen.
____
3. Sie haben vor, für sie einen Kuchen zu backen.
____
4. Sue wird die Zutaten *(ingredients)* kaufen.
____
5. Tante Julia beabsichtigt, ihnen zu helfen.
____
6. Die Kinder hoffen, dass ihre Überraschung gelingen wird.
____

Eine weitere Möglichkeit **Pläne und Handlungen, die für die Zukunft beabsichtigt sind**, auszudrücken stellt das *present continuous* (die Verlaufsform des Präsens) dar:

The next plane to London is taking off in three hours.
Die nächste Maschine nach London startet in drei Stunden.

Merke: Im Deutschen ist der Gebrauch des Präsens als Ausdrucksmöglichkeit einer zukünftigen Handlung viel häufiger als im Englischen:

Tomorrow we'll buy a new television set.
Tomorrow we are going to buy a new television set.
Tomorrow we are buying a new television set.
Morgen kaufen wir ein neues Fernsehgerät.

52. Übersetze ins Deutsche:

1. Tomorrow they are starting the excavation *(Ausgrabung)* of the ruins.

___

2. They are sending the treasures to the museum in the next town.

___

3. Our history teacher is flying there too next week.

___

4. Our school is exibiting some of the objects in the first week of June.

___

53. Unterstreiche im folgenden Text die verschiedenen Möglichkeiten die Zukunft auszudrücken:

There are many families where the whole interest of life is centered upon the dog. And the dogs seem to like it. They encourage their masters in such foolish actions, and the consequence *(Folge)* is that in the families I am speaking of, what "dear Fido" has done, does do, will do, won't do, can do, can't do, was doing, is doing, is going to do, shall do, shan't do, and is about to be going to have done, is the continual theme of discussion from morning till night.

(Jerome K. Jerome – adapted)

Gerund

Das ***gerund*** ist eine Verbform, die auch Merkmale eines Substantivs hat.

Das *gerund* als Verbform:
Wie das *present participle* besteht das *gerund* aus der *ing*-Form eines Verbs: *driving, watching, singing.*

Es kann im Präsens oder Perfekt sowie im Aktiv oder Passiv erscheinen.

Das *gerund* als Substantiv:
Das *gerund* kann, wie ein Substantiv auch, im Satz verschiedene Funktionen haben:

- **Subjekt:** *Driving too fast is dangerous.*
- **Objekt:** *Alex hates going to bed early.*
- **Verbergänzung:** *Travelling is learning.*

Diese Funktionen übernimmt das *gerund* oft als Ersatz für verschiedene Arten von Sätzen:

Elaine often works in the garden. She loves it.
Elaine loves working in the garden.

Merke: Das Gerundium wird im Deutschen anders gebraucht. Die englische Form wird im Deutschen normalerweise durch eine Infinitivkonstruktion wiedergegeben, z. B.: *Elaine liebt es, im Garten zu arbeiten.*

54. Kombiniere die folgenden Sätze mit Hilfe der *gerund*-Form:

1. We had dinner with our old friend. It made us very happy.
____
2. Louis played tennis with Laura. He enjoyed it.
____
3. Tina is cleaning the windows. She hates it.
____
4. We observe *(beobachten)* the people in the park. It is very interesting.
____
5. They watched the talk show on TV. It was a waste of time.
____

Gebrauch der gerund-Form

Nach bestimmten Verben muss das *gerund* verwendet werden: *to avoid* (vermeiden), to *deny* (leugnen), *to enjoy, to finish, to give up* (aufgeben), *to go on, to miss, to need, to practise:*

The children *gave up* trying to make fire with wet wood.
Your bike is so dirty. It *needs* cleaning.

Nach folgenden Verben können sowohl das *gerund* als auch der Infinitiv benutzt werden: *to begin, to start, to continue, to stop, to love, to like, to prefer, to dislike, to hate, to forget, to remember, to mean:*

They *start* building/to build the new skating-rink *(Eishalle)*.

Merke: Manche Verben können verschiedene Bedeutungen haben, je nachdem ob sie mit dem *gerund* oder mit dem Infinitiv benutzt werden: *to forget, to regret* (bereuen), *to remember, to stop, to try:*

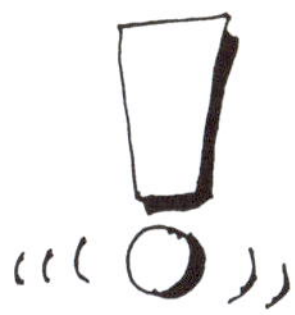

I remembered paying the bill.
Ich erinnerte mich, die Rechnung bezahlt zu haben.
I remembered to pay the bill.
Ich dachte daran, die Rechnung zu bezahlen.

55. Übersetze ins Deutsche:

1. Shirley stopped to buy ice-cream.

___

2. Shirley stopped buying ice-cream.

___

3. Father forgot posting the letter.

___

4. Father forgot to post the letter.

___

5. I regret telling Joan that Terry came.

___

6. I regret to tell Joan that Terry came.

___

<u>Nur der Infinitiv</u> erscheint nach folgenden Verben: *to ask, to decide, to hope, to learn, to offer, to prepare, to seem, to want, to promise, to refuse:*

Eve's dog has learnt to jump through the ring easily.

56. Was passt in den folgenden Sätzen: *gerund*, Infinitiv oder beides? Kreuze die richtige(n) Lösung(en) an:

Are you superstitious (abergläubisch)?

1. If you start ______________________ on a Friday 13th, you may get it wrong.
   ☐ to work ☐ working
2. I hate ______________________ a black cat when I have a test at school.
   ☐ to see ☐ seeing
3. Helen always hopes ______________________ a four-leafed clover *(vierblättriger Klee)* when she has something important to do.
   ☐ to find ☐ finding
4. My grandmother avoids ______________________ new shoes on the table because it brings bad luck.
   ☐ to put ☐ putting
5. Superstitious people refuse ______________________ under a ladder *(Leiter)*.
   ☐ to walk ☐ walking
6. Mr Bond gave up ______________________ a horseshoe *(Hufeisen)* to bring him good luck.
   ☐ to look for ☐ looking for

57. *Gerund* und/oder Infinitiv? Übersetze ins Englische:

1. Da er allein war, lud Peter seinen Freund Steve ein bei ihm zu übernachten.
2. Beide genossen es, lange (bis spät) aufzubleiben.
3. Um elf beschlossen sie ins Bett zu gehen.
4. Plötzlich schien sich etwas hinter der Tür zu bewegen.
5. Die Jungen hörten auf zu sprechen und vermieden es, irgendein Geräusch zu machen.
6. Dann aber zogen sie es vor, die Tür zu öffnen und einen Blick hinauszuwerfen.
7. Die zwei fingen an zu lachen: Es war nur die Katze.

Das *gerund* nach Verben und Adjektiven mit bestimmten Präpositionen:

- **nach Verben:** *to apologize for, to congratulate on, to depend on, to insist on, to succeed in:* John *congratulates* Ann **on writing** such a good essay.

- **nach Adjektiven:** *to be good/bad at, to be fond of, to be proud of, to be tired of, to be afraid of, to think of/about, to be keen on, to be crazy about, to be interested in:*

  Alex is crazy *about* **observing** the planets through his telescope.

58. Suche für jeden Satz das passende Verb oder Adjektiv mit Präposition:

1. The last guests ______________________________ being late.
2. Peter and Mary ______________________________ repairing the bike.
3. The Bennetts are very ____________________ having such a famous son.
4. Our neighbour is ______________________________ driving motor boats.
5. Many of Tom's school mates are ______________________________ promoting *(fördern)* animal protection.

Das *gerund* in bestimmten Redewendungen:

it's no good/use + -ing – es hat keinen Zweck
it's worth + -ing – es lohnt sich, zu tun
I can't help + -ing – ich kann es nicht vermeiden
I don't mind + -ing – es macht mir nichts aus
what/how about + -ing – wie wäre es mit
to spend time/money on + -ing – Zeit mit etwas verbringen/Geld für etwas ausgeben

59. Schreibe die Sätze neu, indem du *gerund*-Formen verwendest:

Beispiel: *He can swim very well. He is good at swimming.*

1. To go on foot to the theatre doesn't disturb *(stören)* Eve.

   ____

2. I think this boat is good enough to buy.

   ____

3. It took Uncle Joe a lot of time to repair the old-timer.

   ____

4. Would you like to spend the weekend with us in the mountains?

   ____

5. The river is too deep. Don't try to cross it.

   ____

Die unvollständigen Hilfsverben (Modalverben)

Wie du sicher noch aus der 5. Klasse weißt, gibt es die **vollständigen** und die **unvollständigen Hilfsverben**.
Weil du also die vollständigen Hilfsverben bereits gut kennst, erweiterst du jetzt deine Kenntnisse über die unvollständigen Hilfsverben.

Die Antwort, die beim ersten Blick recht sonderbar erscheint, ist eigentlich nur ein Wortspiel *(play on words)*. Es basiert auf der Formgleichheit des Modalverbs *can* (können) und des Vollverbs *to can* (konservieren).

Die Modalverben – *can, may, must, need, will* – haben folgende Eigenschaften:

- Sie haben keine *to*-Infinitiv Form
- Sie werden von Verben im Kurzinfinitiv (ohne *to*) gefolgt:
  Lenny can eat five apples a day.
- Sie besitzen kein *–s* in der 3. Person Singular:
  Sandie may take my bike if she wants.
- die Verneinung wird mit *not* nach dem Verb gebildet:
  Grandfather need not take all these pills.
- die Frage erfolgt durch Inversion von Subjekt und Verb:
  May I ride this pony?
- begrenzte Anzahl von Zeitformen

60. Setze die passenden Modalverben ein:

1. Nowadays firemen ________________ put out a fire very quickly.
2. ________________ I smoke here?
3. You ________________ not smoke! Smoking is dangerous for your health.
4. I still ________________ not believe that he has won the lottery.
5. Emily ________________ post the telegram this evening, otherwise it will be too late.
6. You ________________ take photos of the animals, but you ________________ not go too near.
7. ________________ Professor Lionel decipher *(entziffern)* this message?
8. Yes, he ________________, but he ________________ not because it is not for us.

Über die einzelnen Modalverben weißt du bereits viel von der Grammatik der 5. Klasse. Wir beschäftigen uns jetzt hauptsächlich mit den neu gelernten Zeiten *(present perfect* und *future)* und den Ersatzmöglichkeiten bei den verschiedenen Modalverben.

Can *(können)* drückt aus:

- geistige und körperliche Fähigkeiten: *Daniel can play chess like a champion.*
- Möglichkeit, Wahrscheinlichkeit: *The Hills can meet Tess if they have her address.*
- Erlaubnis: *Can I tell Uncle Jo the big news?*
- Verbot in negativen Sätzen: *You cannot see this film. You are not old enough for it.*

Could ist die *past tense* (konnte)- und *conditional* (könnte)-Form von *can*. *Could* (Konditional) ist die höflichere Form, um etwas zu bitten:

Beispiel: *Could* I have a look at the programme, please?

To be able to (imstande sein) ist eine Ersatzkonstruktion für fehlende Zeitformen von *can:*

- *present perfect: He has been able to read three books in French so far.*
- *future: You will be able to improve your French, too, when you are in France.*

61. Der kleine Timmy hat einige der folgenden Sätze ruiniert. Kannst du sie wieder reparieren, indem du die Wörter benutzt, die unten auf den einzelnen Papierfetzen stehen? Achtung: Auf jedem Papierfetzen stehen so viele Wörter, wie in die einzelnen Sätze eingesetzt werden müssen.

1. Last month Kevin and Clara visited a farm.
   They _____ see new ______ interesting things.
2. Mr and Mrs Hill showed them around. Clara asked:
   _____ I try ____ feed ____ young pigs?
3. Kevin saw a young horse and wanted to ride it. Mr Hill told him:
   We _____ not been _____ to ride it so far.
4. Mrs Hill said: We are going to buy some new machines for the farm.
   We'll ______ to spend ____ time on other things.
5. Don't go near the bulls!
   They _____ get nervous and run _____ you.

could, and

have, able

be able, more

Can, to, the

could, after

May *(dürfen)* kann in folgenden Situationen eingesetzt werden:

- Erlaubnis (noch höflicher als *can*):
  May I invite Denis, too, to our party?
- Möglichkeit, Wahrscheinlichkeit, Vermutung:
  You may get hungry, so take some sandwiches with you.

Might, die Konditionalform, drückt Folgendes aus:
- eine noch höflichere Art, um etwas zu bitten:
  Might I leave earlier today?
- eine geringere Wahrscheinlichkeit als *may:*
  They might find a treasure if they keep on digging.
  Vielleicht finden sie einen Schatz, wenn sie weiter graben.

To be allowed to ist ein Ersatz für *may* mit der Bedeutung „dürfen". Er wird für die fehlenden Formen von *may* eingesetzt:
- *present perfect: Helen hasn't been allowed to travel alone to Rome.*
- *future: Next year we'll be allowed to go on a safari trip.*

62. Bilde sinnvolle Sätze mit folgenden Satzteilen:
Beispiel:
Our teacher can speak four languages.

1. Our teacher	can	take driving lessons next year.
2. Your sister	could	speak four languages.
3. You	has been able to	find a hotel on our way, but I doubt it.
4. Nobody	won't be able to	drive his father's car yet.
5. The tourists	may	give us a helping hand with the decorating.
6. My friends and I	might	climb that mountain.
7. Steve	hasn't been allowed to	turn on the TV set if you want.
8. We	will be allowed to	land on Mars so far.

Must *(müssen)* drückt Folgendes aus:
- Notwendigkeit, Verpflichtung:
Terry must do what the doctor says.
Children all over the world must go to school.
- Vermutung:
You must be tired after the long journey.

Must not (nicht dürfen) bedeutet Verbot:

One must not travel by train without a ticket.
Man darf nicht ohne Fahrkarte mit der Eisenbahn fahren.

Need not ist eine weitere Möglichkeit der Verneinung von *must* und bedeutet „nicht müssen/nicht brauchen“:

You needn't take your raincoats. It's not going to rain.
Ihr müsst nicht/braucht nicht eure Regenmäntel mitnehmen.
Es wird wahrscheinlich nicht regnen.

63. Welche Form passt zu den folgenden Sätzen: *must, must not / mustn't* oder *need not / needn't?*

1. We _______________ wait for the children. They'll have dinner with their friends.
2. Eve _______________ be very happy about going to the rock concert.
3. You _______________ speak English with Mr Grant. He doesn't understand German.
4. Daniel _______________ water the flowers. I have already done it.
5. Everybody _______________ help to put out the fire.
6. You _______________ use animals as toys.

64. Übersetze ins Englische:

1. Oliver muss seinen Eltern die Wahrheit über die verlorene Tasche sagen.
2. Er braucht keine Angst zu haben. Seine Eltern sind sehr nett.
3. Die Tasche muss noch im Stadion liegen. Sein Ausweis muss drinnen sein.
4. Wir brauchen nicht danach zu suchen. Jemand hat sie gefunden und zur Polizei gebracht.

To have to ist eine Ersatzform für fehlende Zeitformen von *must:*

- *past tense:* In the morning our neighbours had to call for the ambulance because their daughter Betty cut herself badly.
- *future:* She will have to stay at home and take care of her arm during the next few days.

Merke: Die Verneinung von *to have to* wird mit dem Verb *to do* gebildet:
Fortunately Betty didn't have to stay in the hospital.
Wie das Beispiel zeigt, erscheint *didn't have to* auch als *past tense*-Form von *needn't.*

65. Ersetze *must* und *need* durch die passenden Formen von *to have to* und schreibe die vollständigen Sätze jeweils in die einzelnen Zeilen. Beachte dabei die Angaben in Klammern:

1. Andrew must see the doctor. (next week)

____

____

2. Mary must read three books. (last month)

____

____

3. The pupils need not learn the poem by heart. (yesterday)

____

____

4. We must tell the police all the details about the accident. (tomorrow)

____

____

5. Mother need not cook lunch (last Sunday). We went to the restaurant.

____

____

6. The children must write Aunt Molly a postcard. (when they are in New York)

____

____

66. Finde die passenden Modalverben und trage sie ein:

1. The plane ______________________ be late because of the storm.
2. In this park you are not ______________________ walk on the grass.
3. ______________________ we play with your hamster?
4. There isn't any free seat. We'll ______________________ stand the whole time.
5. It's a pity that George ______________________ already go.
6. You ______________________ not be young and old at the same time. (proverb)
7. The cat climbed up that high tree but wasn't ______________________ to get down.
8. ______________________ you buy some stamps for me, please?

Will (wollen) / ***Shall*** (sollen)
Wir haben bereits über die Verwendung von *will* (seltener von *shall*) zur Bildung der Futurform gesprochen.

Will hat aber auch andere Bedeutungen:
- Willen, Bereitschaft etwas zu tun:
  We will do our best to integrate our new class mates.
  Wir wollen unser Bestes für die Integration unserer neuen Klassenkameraden tun.
- Die Negativform *won't* deutet auf Nichtwollen, Versagen:
  The engine won't work.
  Der Motor funktioniert nicht.
- Die Frageform wird für eine Bitte, Aufforderung eingesetzt:
  Will you pass me the salt, please?
  Reichst du mir bitte das Salz herüber?

Shall in der Frageform wird im Deutschen nicht mit dem Futur wiedergegeben, sondern mit „soll(en)":

Shall we take Blacky with us on this trip?
Sollen wir Blacky auf diese Reise mitnehmen?

Merke: *Would* (Konditional) erscheint auch in der Redewendung *would like to* (gern mögen):
Susan would like to introduce her boyfriend to her parents. (Susan würde ihren Freund gern ihren Eltern vorstellen.)
Should hat in etwa die Bedeutung von *must*: Es deutet auf eine **Verpflichtung** hin, die nicht obligatorisch ist (wie bei *must*), aber ratsam wäre:
The children should visit their grandparents more often.

67. Übersetze ins Englische:

1. Sollen wir für Blacky eine neue Leine *(leash)* kaufen?

2. Möchtet ihr gerne unsere Bilder aus Spanien sehen?

3. Olivers Auto springt nicht an.

4. Ihr solltet eure Eltern über eure Pläne informieren.

5. Hilfst du mir bitte mit dem Gepäck?

Frageanhängsel

Ufy: "Robin Hood was a famous outlaw *(Geächteter), wasn't he?"*
Lisa: "Right! You have read a book about him, *haven't you?"*

Wie die Beispiele zeigen, werden die **Frageanhängsel** benutzt, wenn der Sprecher **die Meinung** bzw. **die Zustimmung des Gesprächspartners** zu einer **Äußerung hören möchte.**

Diese Äußerung kann ein **Aussagesatz** oder ein **Negativsatz** sein.
Das Verb des Frageanhängsels zu einem Aussagesatz steht im Negativ:

Robin Hood helped the poor, *didn't he?*

Dagegen ist das Verb im Frageanhängsel zu einem Negativsatz bejaht:

He hadn't many friends among the rich, *had he?*

Je nachdem was für ein Verb im Satz steht, werden die Frageanhängsel wie folgt gebildet:

- Wenn im Satz ein Hilfsverb bzw. ein Modalverb vorkommt, wird das Frageanhängsel durch die Umstellung dieses Verbs und des Pronomens, welches dem Subjekt entspricht, angehängt:

  Little John was not a little man, *was he?*
  Robin could save Will Scarlet from the gallows *(Galgen), couldn't he?*
  You haven't got a book about Nottingham, *have you?*

Merke: Bei der Konstruktion *there is/there are* erfolgt die Umstellung von *there* und der Form von *to be:*

There are many stories about Robin and his men, *aren't there?*

68. Füge das richtige Frageanhängsel hinzu:
1. Most people are afraid of snakes, ______________________?
2. You couldn't touch one, ___________________________?
3. There aren't any wild animals in our city, _______________________?
4. You haven't got any news from Susan, _________________________?
5. We needn't learn the poem by heart, _________________________?
6. John has no idea about how to repair the radio, __________________?

• Wenn im Satz ein Vollverb vorhanden ist, bildet man das Frageanhängsel mit der passenden Form von *to do* wie bei Fragen und verneinten Sätzen:

Ufy knows plenty of things about Robin Hood, *doesn't he?*
Robin Hood and his men robbed only the rich, *didn't they?*

Merke: Wie die Beispiele zeigen, übernimmt das Verb des Frageanhängsels die Merkmale des Vollverbs: *knows – does* (3. Person, Einzahl), *robbed – did (past tense)*.
To have als Vollverb (auch als Ersatz von *must*) bildet Frageanhängsel auch mit Hilfe von *to do:*

The poor Saxons had to give their last money to the Norman king, *didn't they?*

Tipp

Wenn im Satz ein verneintes Vollverb steht, ist die Form von *to do* bereits vorhanden, also wird sie nur umgestellt und ohne *not* benutzt:

The poor people didn't like the cruel *(grausam)* Sheriff of Nottingham, *did they?*

69. Bilde Frageanhängsel zu den folgenden Sätzen:
1. Many young people like going to youth clubs, __________________?
2. You can meet plenty of nice people there, ____________________?
3. Sometimes they play very loud music, ____________________?
4. One doesn't have to go there regularly, ____________________?
5. Li and Joe fell in love with each other at a youth club, _____________?
6. We have to give a helping hand with the New Year's Eve party, ____________________?

7. Alexandra didn't remember to buy some new records for the club, ______________________?
8. All boys and girls enjoyed last year's trip with the youth club, ______________________?

Bei <u>zusammengesetzten Verbformen</u> *(present continuous, present perfect, future etc.)* werden in den Frageanhängseln die Formen des <u>Hilfs- bzw. des Modalverbs</u> übernommen:

Diane <u>is studying</u> the history of England, <u>isn't she?</u>
You <u>haven't seen</u> the film about the war between the Normans and the Saxons, <u>have you?</u>
At the weekend <u>we'll visit</u> the Sherwood Forest, <u>won't we?</u>

70. Hier hat jemand die Sätze durcheinander gebracht. Finde die passenden Teile und setze sie zusammen:

You have read "Winnetou",
Terry hasn't seen the film "Tom Sawyer" yet,
We'll go to the theatre on Sunday,
Elaine will play the main part,
It's going to rain,
The Brooks are flying to Texas next week,

haven't you?
has he?
isn't it?
won't we?
won't she?
aren't they?

Die Frageanhängsel im Englischen werden im Deutschen durch „nicht wahr?" bzw. „oder?" wiedergegeben.

71. Übersetze ins Englische:
Do you know the story of Wilhelm Tell?

1. Die Geschichte Wilhelm Tells findet in der Schweiz statt, oder?
____
2. Wilhelm Tell war ein einfacher Jäger, nicht wahr?
____
3. Er hat für die Freiheit seines Volkes gekämpft, nicht wahr?
____

4. Er musste mit dem Pfeil *(arrow)* den Apfel auf dem Kopf seines Sohnes treffen, oder?

____

5. Wilhelm Tell ist ein Held *(hero)* geworden, nicht wahr?

____

Kurzantworten auf Frageanhängsel

- Bei Hilfs- und Modalverben übernimmt man nach *Yes* und dem Subjekt die Form des Verbs, nach *No* und dem Subjekt die Form des Verbs + *not:*
  Your sister can skate, *can't she?* Yes, *she can.*
  Larry hasn't found his gloves, *has he?* No, *he hasn't.*
- Bei Vollverben steht im Frageanhängsel bereits eine Form von *to do.* In der *Yes*-Antwort steht die passende bejahte Form von *to do* nach dem Subjekt, in der *No*-Antwort verwendet man nach dem Subjekt die passende verneinte Form von *to do:*

Ben: "You like jazz music, *don't you?*"
Claire: *"Yes, I do."*
Cindy: *"No, I don't."*

72. Vervollständige die Sätze mit Frageanhängseln und Kurzantworten: Drei Freunde haben auf dem Dachboden eine alte, geheimnisvolle Karte gefunden. Sie würden so gerne wissen, was dahinter steckt:

1. The map isn't complete, ______________________________?
No, ______________________________
2. We can't decipher (= entziffern) everything, ______________________?
Yes, ______________________________
3. You don't think that it is the map of a hidden treasure, ______________?
Yes, ______________________________
4. We mustn't tell anybody about it, ______________________________?
No, ______________________________
5. We could try to find the place, ______________________________?
Yes, ______________________________

Die Präposition

Präpositionen sind **Verbindungswörter**. Wir unterscheiden dabei zwischen verschiedenen Präpositionen.

• des **Ortes:** *above* – über, oberhalb
behind – hinter
inside – in, innerhalb
opposite – gegenüber
outside – draußen

There is a picture above the sideboard.
We live opposite the baker's.

• der **Zeit:** *between* – zwischen
during – während
within – innerhalb

We have to keep silent between noon und 3 p.m.
Many churches in London were destroyed during the Great Fire.

• andere **Verhältnisse**: *except* – außer
in spite of – trotz
instead of – statt, anstelle von
like – wie
unlike – im Gegensatz zu

They went for a walk in spite of the rain.
Steve should do his homework instead of wasting his time.

Einige Präpositionen können mehr als nur eine Funktion haben:

- *by far* – bei weitem (örtlich)
  by then – bis dahin (zeitlich)
  by Karl May – von Karl May
- *in the room* (örtlich)
  in the morning (zeitlich)
  in secret – insgeheim (Art und Weise)
- *on the table* (örtlich)
  on August 2nd (zeitlich)
  on (pollution etc.*)* – über (Umweltverschmutzung etc.)
  on the contrary – im Gegenteil

73. Die Welt ist voller Präpositionen. Leider sind die im abgebildeten Globus versteckten 12 etwas durcheinander geraten. Ordne sie in die richtige Reihenfolge!

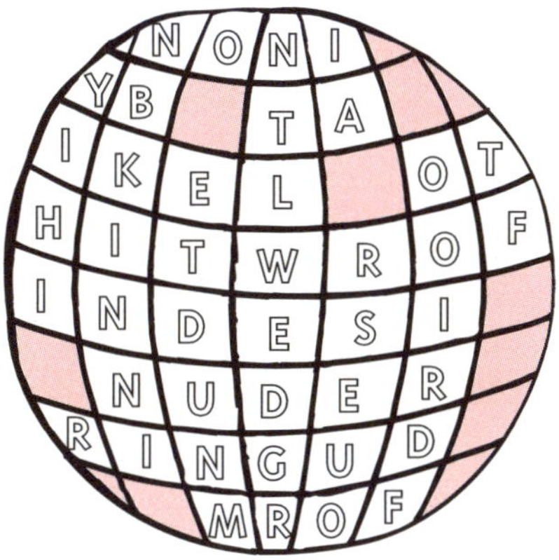

Oft bereiten Präpositionen Schwierigkeiten, wenn sie in festen Redewendungen erscheinen und im Deutschen unterschiedlich wiedergegeben werden:

- *at Christmas* – an Weihnachten
- *at last* – endlich
- *at full speed* – mit voller Geschwindigkeit
- *for a change* – zur Abwechslung
- *in common* – gemeinsam
- *full of* – voll von
- *the answer to* – die Antwort auf

74. Setze die passenden Präpositionen bzw. Redewendungen mit Präpositionen ein:

1. It's cool ________________________. Let's go inside.
2. Helen couldn't see the cat ________________________ the curtains.
3. Little Tommy has played with ink. Now his hands are covered ________________________ ink spots.
4. Andrea is going to practise the violin __________________ 5 and 6 p.m.
5. Jenny sang the song ________________________ a pop star.
6. We will get on well with the new neighbours. We have many things ________________________ .
7. You are not allowed to talk ________________________ the concert.
8. Poor Mike! He couldn't finish the race because he drove ________________________ into the plank *(Planke)*.

SATZARTEN

Im Englischen wie im Deutschen gibt es folgende Satzarten:
- bejahte Aussagesätze
- verneinte Aussagesätze
- Fragesätze
- Befehlssätze

Alle Sätze können einfach oder kompliziert sein, alleine oder in einem Gefüge von mehreren Sätzen erscheinen.

Wie in der deutschen Sprache auch, kann eine Äußerung im Englischen
- aus einem Satz (mit einem Prädikat):

  Camels are able to survive a long time without water.
- aber auch aus mehreren Sätzen (mit entsprechend vielen Prädikaten) bestehen:

  They are useful animals because people need them for work and transport.

Der Aussagesatz

Die einfachen Aussagesätze bestehen in jedem Fall aus Subjekt und Prädikat. Sie können aber durch ein Objekt oder Adverbialien erweitert werden. Die Satzstellung sieht dann jeweils wie folgt aus:

Subjekt – Prädikat		Subjekt – Prädikat – Objekt		
The sun	is shining.	We	bought	some ice-cream.
S	P	S	P	O

Im Englischen dürfen das **Prädikat** und das **Objekt nicht getrennt** werden, während es im Deutschen möglich ist:

We	often	buy	ice-cream.
S	Adv.	P	O

Wir	kaufen	oft	Eis.
S	P	Adv.	O

Weitere Kombinationsmöglichkeiten sind:

Subjekt – Prädikat – (Objekt) – Adverbiale Bestimmungen *(adverbials):* der Art und Weise *(of manner)*, des Ortes *(of place)*, der Zeit *(of time)*

John met Mary in the park at five o'clock.
S P O Adv.d.Ortes Adv.d. Zeit

Die Reihenfolge der Adverbialien (der Art und Weise, des Ortes, der Zeit) ist im Englischen zwingend; du kannst sie dir leicht merken, wenn du daran denkst, dass die Anfangsbuchstaben der englischen Bezeichnungen: *M(anner), P(lace), T(ime)*, ihrer Reihenfolge im Alphabet entsprechen: ... M N O P Q R S T ....

75. Übersetze folgende Sätze ins Englische. Achte darauf, dass die Satzstellung im Deutschen oft anders ist als im Englischen:

A day in New York

1. Markus und Eva sind letztes Jahr nach New York gefahren.
....
2. Sie erzählen jetzt etwas über ihren ersten Tag in dieser großen Stadt.
....
3. Sie wollten am ersten Tag zum Central Park gehen.
....
4. Sie fragten gleich nach dem Weg, fanden den Park aber nicht.
....
5. Ein Polizist half ihnen, aber sie kamen ziemlich spät dort an.
....
6. Sie schauten sich alles eilig (in a hurry) an.
....
7. Sie mussten um sieben Uhr zu Hause sein.
....
8. Am besten haben ihnen die Breakdancer gefallen.
....

Eine Ausnahme zur Wortordnung Subjekt – Prädikat bilden die Konstruktionen *there is/there are*. Diese stehen am Anfang des Satzes und das Subjekt kommt danach: *There is* a new pupil in Ted's class.
There were many birds in our garden in summer.

Die Formen von *to be* können bei dieser Konstruktion in allen Zeiten stehen: Präsens, Präteritum etc.

Der verneinte Aussagesatz

Der Aufbau der Verneinung ist vom Verb des Satzes abhängig:

- bei Sätzen mit Hilfsverben wird *not* nach das Hilfsverb gestellt:
  - Helen can't (*can not*) speak French.
  - Mr Watson isn't (*is not*) coming to dinner this evening.
- bei Sätzen mit Vollverben wird die Verneinung mit Hilfe von *to do* umschrieben:
  - Paul's sister *doesn't* want to marry Danny.
  - Our dog *didn't* bite *(beißen)* the postman.

Die Verneinung eines Satzes kann auch ohne *not* erfolgen, wenn man die Mengenangabe *no* benutzt:

Our friends found *no* mushrooms in the woods.

76. Verneine folgende Sätze:

Mr Star was kidnapped the week before. Miss Marple knows everything better than the police. Here you have:

What the police thinks:

1. Mr Star is abroad *(im Ausland)*.
2. Mr Star's dog knew the kidnappers.
3. The kidnappers want a lot of money.
4. Mr Star received an anonymous letter before.
5. The neighbours could tell interesting things.
6. Mr Star's wife is in danger.

What Miss Marple knows:

1. ....
2. ....
3. ....
4. ....
5. ....
6. ....

Der Fragesatz

Es gibt zwei Arten von Fragesätzen: Entscheidungsfragen und Fragen mit Fragewörtern.

Die Entscheidungsfragen

Damit sind Fragen gemeint, die man mit **ja** oder **nein** beantworten kann *(Yes/No Questions).*
In Sätzen mit Hilfsverben werden sie durch die Inversion (Umstellung) von Subjekt und Prädikat geformt. Die Reihenfolge in den Fragesätzen ist also:

Prädikat (Hilfsverb) – Subjekt

Are you going to the party on Sunday? Can she tell us the way?

Kurzantworten

Darauf kann man mit *yes* oder *no* antworten, was allerdings im Englischen nicht sehr höflich ist. Vorzuziehen sind die so genannten *short answers*, die nach *yes* oder *no* noch das Subjekt und das Hilfsverb (mit oder ohne *not*) enthalten:

Yes, we are. No, she can't.

77. Stelle Fragen zu den folgenden Sätzen. Beantworte sie mit *yes/no*.

The investigations go on. (I)
1. Miss Marple can help the police.

....?

Yes, ...

2. The police haven't got enough information.

....?

No, ...

3. Mrs Star is leaving the town.

....?

No, ...

4. The neighbours must tell what they know.

....?

Yes, ...

Die Entscheidungsfragen zu den Sätzen mit Vollverben werden durch Umschreibung mit dem Hilfsverb *to do* gebildet:

Does Jenny like Michael Jackson?
Did he sing in her town last year?

Die Antworten darauf sind die schon erwähnten *short answers*, die aber nach *yes* oder *no* aus Subjekt und aus der passenden Form von *to do* (mit oder ohne *not*) bestehen.
Die möglichen Antworten auf die zwei Fragen lauten also:

Yes, she does. *oder:* No, she doesn't.
Yes, he did. *oder:* No, he didn't.

Es werden also nur die Formen von *to do* wiederholt und nicht das Vollverb.

78. Stelle Fragen zu folgenden Sätzen. Beantworte sie mit *yes/no.*

The investigations go on. (II)

1. The newspapers wrote about Mr Star's kidnapping.
....?
No, ...
2. Miss Marple found an important clue *(Spur)* in the garden.
....?
Yes, ...
3. She wanted to catch the kidnappers alone.
....?
No, ...
4. The police arrested them with Miss Marple's help.
....?
Yes, ...

Die Fragen mit Fragewörtern

Mit den Fragewörtern fragt man nach bestimmten Teilen einer Äußerung: nach Personen, Handlungen, Umständen, Ort, Zeit etc. Sie heißen im Englischen *Wh-Questions*, weil sie mit solchen Fragewörtern wie: *who, what, which, when, where, why* anfangen.

Who/What/Which comes first?

What did Mary buy for her grandmother?

Die Fragen mit *who/what/which* nach dem Subjekt sind die einzigen, die sowohl in Sätzen mit Hilfsverben, als auch in Sätzen mit Vollverben durch Inversion des Subjekts und des Prädikats gebildet werden:

Who knows a funny joke?

What is making such a noise?

Alle anderen *wh-questions* werden wie folgt gebildet:

- durch Inversion des Subjekts und des Prädikats, wenn sie ein Hilfsverb enthalten:

  What can you tell us about Julius Caesar?

  Why is Napoleon well-known?
- durch Umschreibung mit *to do* wenn sie mit einem Vollverb gebildet werden:

  When did Elisabeth I live?

  Where did Sir Francis Drake sail *(segeln)* in his small ship?

79. What is it?

Die Schüler machen ein Spiel: Einer denkt sich etwas aus, die anderen stellen Fragen, um herauszufinden, was es ist. Das Wort lautet jetzt *alarm-clock.* Welche *wh-questions* würdest du stellen, um das Wort zu erraten. Hier ist eine kleine Hilfe:

1. What .... ? (do)
2. When .... (use – *benutzen*)
3. Where .... (keep)
4. What .... (colour)
5. Who .... mostly ? (use)
6. How often .... (need)

In der Alltagssprache erscheinen die Präpositionen, die Verben begleiten, in *wh-questions* am Ende des Satzes:

Who did the history teacher **talk about**?

In der förmlichen Sprache dagegen begleiten sie das Fragewort:

About whom is this politician **speaking**?

80. Schreibe folgende Sätze um, indem du die Präpositionen ans Ende des Satzes stellst:

1. About what is all this fuss *(Getue)*?
2. At which bookshop can we find this book?
3. With whom does Will go to the hairdresser's?
4. To which address did you send the letter?
5. From where does this noise come?
6. Into which bottle did Mum put the milk?
7. Over what country are we flying now?

1. ....
2. ....
3. ....
4. ....
5. ....
6. ....
7. ....

Der Befehlssatz

Wie der Name schon sagt, dienen diese Sätze dazu, **Befehle**, **Anweisungen** oder **Aufforderungen** zu bestimmten Handlungen zu geben. Die Verbform, die dafür verwendet wird, heißt Befehlsform *(imperative)* und wird für alle drei Personen benutzt. Wir beschäftigen uns nur mit Befehlen in der zweiten Person Singular und Plural **You** (du/Sie/ihr).

Die Befehlsform in der zweiten Person ist die **Infinitivform** ohne *to.* Sie ist die gleiche im Singular und im Plural:

Be quiet!
Close the window!
Give me the key!

Verbote und **Warnungen** werden durch Verneinung mit Hilfe von *to do* ausgedrückt:

Don't be silly!
Don't feed the animals!
Don't touch the engine!

81. Bilde Befehlssätze mit Hilfe folgender Angaben:

Ufy is ready to fly back to his planet. Lisa and Tim shout to him:

1. please / come back / soon

....

2. not forget /send / message

....

3. tell / best wishes / parents

....

4. remember / send / photo / your family

....

5. not stop learning / English / when / be / at home

....

6. take care / you / during / journey

....

Hauptsatz/Nebensatz

Die Sätze, aus denen eine Äußerung besteht, können

• **gleichwertig** sein, also auch unabhängig voneinander auftreten:

The pupils went on a safari trip and saw plenty of interesting animals.
The pupils went on a safari trip.
They saw plenty of interesting animals.

• sich in einer Beziehung befinden, in der ein Satz **übergeordnet** (Hauptsatz) und der andere oder die anderen **untergeordnet** (Nebensatz) ist/sind. **Der Hauptsatz kann auch allein auftreten, der Nebensatz/die Nebensätze dagegen nicht:**

Clara couldn't go with them because she was ill.
Clara couldn't go with them.
*Because she was ill. (falscher bzw. nicht möglicher Satz)

82. Tom und Lisa haben hier die Sätze durcheinander gebracht. Kannst du sie wieder in die richtige Reihenfolge bringen?

1. Linda/the bottle of milk/fell/dropped *(fallen lassen)*/and

2. these birds/in autumn/leave/come back/and/in spring

3. you/many/have/friends/friendly/if/are/you

4. the pupils/him/visited/when/was/the old teacher/very happy

Die Nebensätze können sowohl vor als auch nach dem Hauptsatz erscheinen. Im Gegensatz zum Deutschen bleibt im Englischen die **Reihenfolge Subjekt – Prädikat sowohl im Hauptsatz als auch im Nebensatz unverändert,** unabhängig davon, welcher als Erster auftritt:

You must prepare everything properly if *you want* to go on a safari trip.
S P S P

If *you want* to go on a safari trip, *you must* prepare everything properly.
S P S P

Du musst alles richtig vorbereiten, wenn *du* eine Safarireise *machen willst*.
S P S P

Wenn *du* eine Safarireise *machen willst, musst du* alles richtig vorbereiten.
S P P S

Ein weiterer Unterschied in der Wortreihenfolge besteht darin, dass die Reihenfolge **S – P – O**/(Attribut/Adverbiale) im englischen Nebensatz unverändert bleibt, wo im deutschen Nebensatz die Reihenfolge **S – O**/(Attribut/Adverbial) – **P** auftritt:

John saw that the man broke the window of the juweller's shop.
S P O

John sah, dass der Mann das Fenster des Juwelierladens zerschlug.
S O P

83. Verbinde folgende Sätze. Beachte die Wortreihenfolge in den Nebensätzen:

1. Dave will come to see us. He has promised us.
2. Where did I buy these books? I can't remember.
3. The budgie will recover soon. We hope so.
4. Why has Jane left the room? They have no idea.
5. The children went to bed early. They were very tired.
6. When does the postman deliver the post? I want to know it.

Zeichensetzung:

Nebensätze werden im Englischen nur dann von Hauptsätzen durch Kommas getrennt, wenn die Nebensätze an erster Stelle stehen:

When she walked in the park, Laura found a lost bag.
NS HS
She had to give all the details when she took it to the police.
HS NS

84. Setze Kommas, wo es nötig ist:

Bryan flies to Dallas

1. Bryan and his family wanted to visit their aunt in Los Angeles because she was going to celebrate her sixtieth birthday.
2. When they reached the airport Bryan wanted to buy a present for his cousin at the tax-free shop.
3. As they had enough time Bryan's parents decided to go and have a coffee.
4. When Bryan came back he couldn't find his parents.
5. He was worried because he didn't know what to do.
6. The lady at the information desk asked him if he knew his flight number.
7. As he was very nervous Bryan told her the wrong number.
8. That was why he was put on the plane for Dallas instead of the one for Los Angeles!

85. Übersetze ins Englische:

1. Mrs Bell ruft die Polizei, weil jemand eins ihrer Gemälde gestohlen hat.
2. Die Polizei weiß, dass Mrs Bell die Wahrheit sagt.
3. Jeder denkt, dass die Polizei den Dieb schnappen wird.
4. Wenn die Polizei das Bild findet, muss die Versicherung nicht zahlen.

Subjekt- und Objektsätze

Die Nebensätze können im Gesamtsatz dieselben Funktionen wie die Satzglieder ausüben: Subjekt, Objekt, Attribut, Adverb. Das bedeutet, dass nicht nur einzelne Wörter, sondern auch ganze Sätze diese Funktionen übernehmen können.

That he won the race (The victory) made Damon very happy.
Subjekt
I told our friends that Damon won the race (the news).
Objekt

Die Objektsätze mit *that (that-clauses)* bilden einen wichtigen Typ von Nebensätzen:
We expect that the newspapers will bring new facts
about the kidnapping,

86. Verbinde folgende Sätze mit Hilfe von *that:*

1. Susy will meet Alex. She hopes it.

___

2. George can ride very well. We know it.

___

3. We can see smoke coming out of his window. Tell it to your neighbour.

___

4. The rock star was going to visit their town. Graham heard it.

___

Objekt-Sätze können auch durch Pronomen: *who, what, which* und Adverbien: *where, when, why* eingeführt werden:
We can't understand *what* the speaker says.
Jenny can't remember *where* she has left her umbrella.

Attributsätze

Die Attributsätze sind Nebensätze, die ein Substantiv näher bestimmen. Wie im Deutschen auch, werden sie durch **Relativpronomen** *(who, which, that* etc.*)* oder **Adverbien** *(where, when, why* etc.*)* eingeführt:

Daniel Defoe is the author who wrote *Robinson Crusoe.*
Robinsoe Crusoe was shipwrecked *(schiffbrüchig)* on an island *where* he lived many years alone.

Bei den Relativpronomen unterscheidet man zwischen denjenigen, die Personen bezeichnen *(who, whom, whose)* und solchen, die Gegenstände begleiten *(which und whose)*.

The Native whom he saved from the cannibals was a good friend to him.
Robinson Crusoe planted cereals *(Getreide)* out of which he could even make bread.

That wird sowohl für Personen als auch für Sachen verwendet:
The work that he did and the friend that he had helped Robinson to survive.

Dagegen muss man im Englischen bei der Verwendung der Relativpronomen nicht auf Numerus (Singular/Plural) oder Genus (männlich/weiblich) aufpassen:

The dog which accompanied Robinson died after some years.
Der Hund, welcher ... .
The goats which he found on the island gave him milk and meat.
Die Ziegen, welche ... .

87. Unterstreiche in folgenden Nebensätzen das richtige/die richtigen Relativpronomen:

1. Neil Armstrong was the first man (who/which/that) walked on the moon.
2. The spaceship (who/which/that) brought him to the moon was called “Apollo 11”.
3. Amelia Earhart was the first woman (who/which/that) flew a plane across the Atlantic.

4. The tunnel (who/which/that) links *(verbinden)* Great Britain with the Continent is called "The Channel Tunnel".
5. William Shakespeare is the playwright *(Dramatiker)* (who/which/that) wrote "Romeo and Julia".
6. The famous cathedral (who/which/that) was built by Sir Christopher Wren is called "St. Paul's Cathedral".

Die Relativpronomen, die Attributsätze einleiten, können auch von Präpositionen begleitet werden. Diese können zusammen mit den Pronomen, noch öfter aber am Ende des Nebensatzes erscheinen:

The survivors with whom the reporters talked, related very interesting things.
The film which Helen told us about seemed to be the best.
The friends who I saw it with didn't like it so much.

Merke:
- In der formellen Sprache (Bücher, Briefe etc.) erscheinen die Präpositionen eher direkt vor dem Relativpronomen, in der Alltagssprache dagegen ist es üblich, die Präpositionen an das Ende des Nebensatzes zu stellen.
- Wenn eine Präposition direkt vor dem Relativpronomen für Personen steht, dann erscheint dieses in seiner Akkusativform *(about/of/with etc.) whom*.
- Wenn die Präposition am Ende des Satzes steht, dann wird die Form *who* bevorzugt.

88. Unterstreiche die Relativpronomen und die begleitenden Präpositionen in den folgenden Sätzen:

1. Buffalo Bill, about whom many stories have been written, really existed.
2. When he was young, he had to help his family, for whom he worked a lot.
3. He went to the soldiers, to whom he brought food and guns.
4. Being hurt Buffalo Bill met an Indian by whom he was rescued.
5. He then travelled through America and made shows about the life of the Native Americans, in which he was very much interested.

Contact clauses

Wenn die einleitenden Pronomen im Nebensatz im Akkusativ stehen – *who(m), which, that* –, können sie weggelassen werden. Der Relativsatz wird dann direkt an das Bezugswort angeschlossen. So entstehen die sogenannten *contact clauses.*

The tea (which/that) we ordered was too bitter.
The waiter (who/whom/that) we asked about it couldn't tell us why.
(Die Klammern bedeuten, dass du *which, who(m), that* auch weglassen kannst.)

Ist das **Pronomen,** das weggelassen wird, **von einer Präposition begleitet,** so kann diese Präposition nur **am Ende des Nebensatzes** erscheinen:

The team *with whom* our class played were not very fair.
NS
The team our class played *with* were not very fair.
NS

89. Verbinde folgende Sätze entsprechend dem Muster. Schreibe die einleitenden Pronomen, die man weglassen kann, in Klammern:
Beispiel:
Jenny sent some letters to her friend in London.
They never reached him.
The letters (which) Jenny sent to her friend in London never reached him.

1. The Brights left their dog with an old lady. She took good care of it.

___

2. Last year Grandfather planted some trees in the garden. They are quite big now.

___

3. A girl wrote an article about environment protection *(Umweltschutz)*. She was very successful.

___

4. Brian found an injured *(verletzt)* old man in the street. He will recover soon.

____

5. The girls took some pictures of the castle. They are not very well-focused *(scharf)*.

____

6. Heavy snow is going to fall in the next days. It will change our plans for the weekend.

____

Wie bereits erwähnt, können Attributsätze auch durch Adverbien *(when, where, why, how)* eingeführt werden:

We had some trouble to find the street where Alice lives.
When we arrived at her place all the guests were already there.
We told Alice why we were late.

90. Setze die passenden Adverbien in die folgenden Nebensätze ein.

Ufy is telling his friends about how he came to our planet:

1. This is the place ______________ I landed with my spaceship.
2. ______________ I arrived it was quite foggy *(nebelig)*.
3. That is the reason ______________ nobody noticed me.
4. I am very happy ______________ I am with my friends Lisa and Tom.
5. In the museums ______________ we have been together I have seen very interesting things.
6. Ufy couldn't answer the question ______________ he chose our planet of all places.

91. In den nächsten Sätzen fehlen die einleitenden Wörter (Pronomen). Setze sie ein:

Learn some proverbs and have some fun!

All's well ______________ ends well.
______________ that laughs last laughs longest.
All ______________ glitters *(glänzen)* is not gold.

Aunt: "Is there anyone in your class ______________ never does any homework?"
Little Timmy: "Yes, the teacher."

Adverbialsätze

Adverbialsätze sind Nebensätze, die ein Verb näher bestimmen, also die Funktion eines Adverbs ausüben.
Die wichtigsten Adverbialsätze sind: der Zeit, des Ortes, der Bedingung, des Grundes und der Art und Weise.
Sie werden durch Konjunktionen und Adverbien eingeleitet: *before, after, because, if, when, where* etc.

Carol wants to read a book about dogs before she buys one.
She decided to buy a dog because she saw a film about the friendship between an old man and a dog.
Her friend warned her: "If you have a pet, you must spend a lot of time with it."

Wir beschäftigen uns mit zwei Typen von Adverbialsätzen: mit den **Temporalsätzen** (der Zeit) und mit den **Konditionalsätzen** (der Bedingung).

***Temporalsätze** (clauses of time)*

Diese Nebensätze übernehmen die Funktion der **Zeitadverbien**, stellen also eine Zeitrelation zwischen den Ereignissen im Hauptsatz und im Nebensatz dar.
Sie werden durch folgende Wörter eingeleitet: *when, after, before, while, until (till), as soon as:*

Let us know your new address *when/as soon as* you are in Manchester.

92. Setze die fehlenden Wörter in die nächsten Sätze ein.
Mit ihren Anfangsbuchstaben kannst du den Begriff im Kasten vervollständigen, welcher einen Behälter für eine bestimmte Flüssigkeit bezeichnet:

1. Oliver was very angry ____________ Ben told him about the lost book.
2. ____________ he had read the ghost story, little Timmy was a little bit afraid.
3. Carol has to take this medicine ____________ she recovers completely.
4. We have to repair our boat ____________ the weather gets worse.
5. Nobody was allowed to leave the bank ____________ the police came.

Lösungswort

			E	R				C	K	E	
1	2	3				4	5				3

Die Zeitform, die im Hauptsatz erscheint, bestimmt, welche Zeiten im Nebensatz erlaubt sind.

Futur im Hauptsatz
Wenn das **Verb im Hauptsatz im Futur** steht, darf man im **Nebensatz** nur *present* oder eventuell auch *present perfect* benutzen.
Das **Verb darf im Temporalsatz** auch dann nicht im Futur stehen, wenn sich die **Handlung auf die Zukunft** bezieht:

When Laura finishes school, she'll try to go to university.
We'll write you a postcard as soon as we arrive in Munich.

93. Beschreibe zukünftige Handlungen anhand von folgenden Angaben. Beginne die Sätze jeweils mit *when.*

Beispiel: The year 2000 and more!
year 2000/come – we/give/big party
When the year 2000 comes, we'll give a big party.

1. new millenium *(Jahrtausend)*/start – everybody/try/make world better

____

____

2. we/understand/importance of a healthy environment – we/put an end/pollution

____

____

3. we/be/adults *(Erwachsene)* – we/spend/holidays/moon

____

____

4. machines/can do/nearly everything/for us – we/have/more free time

____

____

5. doctors/find/new cures *(Heilmittel)* – many diseases/disappear

____

____

6. our children/ be born – they/live/in freedom

____

____

Konditionalsätze *(if-clauses/clauses of condition)*

<u>If we have time,</u>
we'll go to the zoo to see the Panda bears.
Panda bears will disappear
<u>if people don't take care of them.</u>

Die markierten Nebensätze drücken die **Bedingung** aus, unter der das Geschehen im Hauptsatz zustande kommen kann. Sie gehören zu den **Konditionalsätzen** (auch **Adverbialsätze der Bedingung** genannt).

Im Deutschen werden die Konditionalsätze und die Temporalsätze durch „wenn" eingeführt. Aus diesem Grund sind sie nicht immer genau auseinander zu halten.
Im Englischen gibt es die Unterscheidung zwischen *if* (konditional) und *when* (temporal).

<u>Wenn</u> Onkel Eduard kommt, müssen wir das Haus aufräumen.
a) Falls
b) In dem Augenblick
a) <u>If</u> Uncle Edward comes, we will have to tidy up the house.
b) <u>When</u> Uncle Edward comes, we will have to tidy up the house.

94. Übersetze ins Englische:

1. Wir gehen morgen in den Zoo, wenn es nicht regnet.

2. Wir besichtigen *Madame Tussaud's*, wenn die Busfahrer nicht mehr streiken.

3. Die Kinder können das alte Schaukelpferd *(rocking-horse)* haben, wenn sie wollen.

Wir unterscheiden zwischen drei **Bedingungssatztypen:**
- reale, erfüllbare Bedingungen
- erfüllbare, aber unwahrscheinliche Bedingungen
- nicht erfüllte Bedingungen

In diesem Kapitel wird jedoch nur der **reale, erfüllbare Bedingungssatz** genauer erklärt.

Reale, erfüllbare Bedingungen

Wenn im Nebensatz eine Bedingung formuliert wird, die man als erfüllbar betrachtet, dann werden im Haupt- und im Nebensatz folgende Verbformen benutzt:

Hauptsatz	Nebensatz
will/shall + infinitive *can/must/may + infinitive* *imperative*	*present tense* *present perfect*

Es ist also zu beachten, dass, auch wenn sich die Bedingung auf die Zukunft bezieht, die Verbform, die sie ausdrückt, nicht im Futur, sondern nur im *present* oder *present perfect* stehen darf:

We'll go camping at the weekend if the weather is fine.

95. Setze die Verben in Klammern in der richtigen Form ein:

1. If everything ________________ (go) well, they will reach the camp before noon.
2. The cat ________________ (mew) terribly if you don't feed it in time.
3. If Lara ________________ (tell) me her size, I'll buy the slippers for her.
4. Timmy's parents ________________ (not punish) him if he tells the truth about the broken window.
5. If the thief ________________ (paint) the stolen bike anew, the police won't find it easily.
6. If the neighbours leave us their key, we ________________ (water) their flowers in their absence.

Merke: Bei allgemein gültigen Aussagen, Naturgesetzen etc. steht *present tense* sowohl im Hauptsatz als auch im Nebensatz:

Water evaporates *(verdampfen)* if you boil it beyond 100°C.

96. Verbinde die Sätze entsprechend dem jeweiligen Muster:

a. You don't water the flowers. They die.
If you don't water the flowers, they will die.

1. Elaine doesn't put on her raincoat. She catches a cold.
____
2. Mother boils *(kochen)* the eggs too long. They are quite hard.
____
3. The neighbours leave the dog alone. It barks *(bellen)* all day long.
____
4. The firemen come immediately. The house doesn't burn.
____

b. We score *(schießen)* enough goals. We win the championship.
If we don't score enough goals, we won't win the championship.

1. Peter goes to the ski-camp. He isn't sad.
____
2. You leave the cage open. The budgie *(Wellensittich)* flies away.
____

3. Janet saves enough money. She buys a new bag.

____

4. We are not late for the bus. We catch the plane.

____

Wie bereits erwähnt, können im **Hauptsatz auch Modalverben:** *can, may, must* **stehen:**

If Jane sends her friends a telegram, they can meet her at the airport.
If you want to see the football final, you must buy a ticket soon.

Man kann aber die **Futurform** verwenden, wenn die **Ersatzverben** für *modals* benutzt werden:
can – be able to
may – be allowed to
must – have to

You will have to buy a ticket soon if you want to see the football final.

Der **Imperativ** kann auch **im Hauptsatz erscheinen:**

If you want a thing done well, do it yourself! (proverb)

97. Setze die Verben in Klammern in der richtigen Form ein:

Steve and his friends want to become active in animal protection. They talk about how to manage it.

1. We ____________________ (have to) get enough information if we ____________________ (want) to be successful.
2. If some animal protection organization ____________________ (help) us, we ____________________ (do) our work better.
3. People ____________________ (know) which animals are in danger if we ____________________ (make) a list of them.
4. If we ____________________ (organize) a talk show on TV, thousands of people ____________________ (learn) about the animals which are about to disappear.
5. If we ____________________ (be) successful, others ____________________ (may) try to become engaged in such activities, too.

Die indirekte Rede

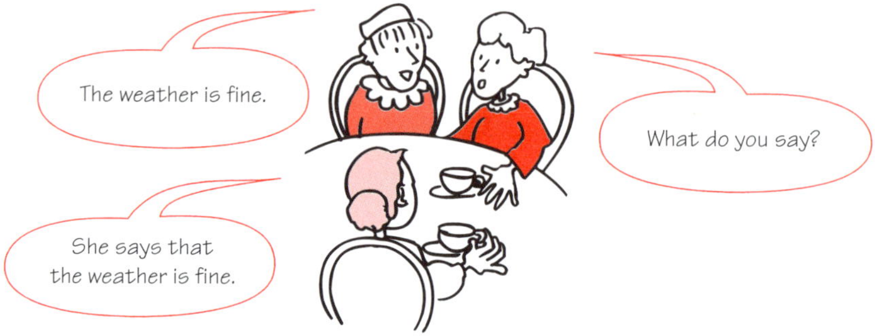

Im Englischen wie im Deutschen kann man verschiedene Äußerungen wortwörtlich wiedergeben oder eine andere Person darüber berichten lassen.

Die genaue Wiedergabe (sowohl des Inhalts als auch des Wortlauts) einer **Äußerung** heißt ***direkte Rede*** *(direct speech):*

The teacher explains: "Water freezes at 0° C."

Die Wiedergabe durch eine andere Person heißt ***indirekte Rede*** *(reported speech):* The teacher explains that water freezes at 0° C.

Die **indirekte Rede** wird durch Verben wie *say, tell, mention* (erwähnen), *promise, remark* (bemerken), *declare* (behaupten), *ask, answer* eingeführt.

Da die Sicht des Berichtenden anders ist als die des Sprechers, entstehen in der indirekten Rede einige Änderungen:

Änderung des Verbs

Die indirekte Rede besteht aus einem Hauptsatz und einem Nebensatz. Die Zeitformen der Verben im Hauptsatz bestimmen, welche Zeiten im Nebensatz erlaubt sind. Wir beschäftigen uns nur mit Äußerungen, in denen das Verb im Hauptsatz im *present, present perfect* oder *future* steht. In diesem Fall bleibt die Zeitform des Verbs im Nebensatz unverändert:

Joe remarks: „Eddy left too late. He will miss the plane."
Joe remarks that Eddy left too late and that he will miss the plane.

98. Setze folgende Sätze in die indirekte Rede:

Lisa, Tom and Ufy are watching a film about Native American Indians. Ufy can't always understand what they say, so his friends explain it to him:

1. Big Chief says: "The bandits have stolen our horses."

____

2. His son answers: "They rode to the north."

____

3. Big Chief says: "They will not get far."

____

4. Big Chief's friend declares: "We'll catch up with *(einholen)* them before noon."

____

5. Big Chief shouts: "We must take our best men and start immediately."

____

Änderung des Pronomens

- Die erste und zweite Person Singular *(I, you)* werden durch die dritte Person Singular *(he, she, it)* wiedergegeben (die Verbform ändert sich natürlich auch):

  Mother says: "I have got a surprise for you."
  Mother says that she has got a surprise for us.

- Die erste und zweite Person Plural *(we, you)* werden durch die dritte Person Plural *(they)* ersetzt:

  The boy scouts relate: "We have found some mysterious ruins."
  The boy scouts relate that they have found some mysterious ruins.

- *this/that* werden durch *these/those* ausgedrückt:

  Mrs Orwell declares: "I don't like these colours."
  Mrs Orwell declares that she doesn't like those colours.

99. Setze folgende Sätze in die direkte Rede:

1. Our neighbour's daughter says that she is not going to come with us.
2. The postman has just said to the Browns that he hates their dog.
3. Grandma often mentions that she can't understand those young people who play such loud music.
4. Jane will say to her little brother that he must stay at home.

Änderung des Adverbs

Die Adverbien und adverbialen Bestimmungen ändern sich in der **indirekten Rede** wie folgt:

- *here* - *there*

  The children have said: "We'll spend wonderful holidays *here.*"

  The children have said that they'll spend wonderful holidays *there.*
- *now* - *then*
- *ago* - *before*
- *last week/month etc.* - *the week/month etc. before*
- *next week/month etc.* - *the next/following week/month* etc.
- *tomorrow* - *the next day*
- *yesterday* - *the day before*

  The coach declares: "The team played better *yesterday.*"

  The coach declares that the team played better *the day before.*

  The reporter: "They will surely play well tomorrow."

  The reporter is sure that they'll play well *the next day.*

100. Setze in die indirekte Rede:

1. Dan will surely say: "We don't like it here."

   ____
2. Julia informs us: "I couldn't call you yesterday."

   ____
3. They promise us: "We'll return the book next week."

   ____
4. My friends mention: "We'll leave our car here in front of the hotel."

   ____

Fragen und Befehle in der indirekten Rede

***Fragen** (questions)* werden in der indirekten Rede wie folgt wiedergegeben:
Yes/No-Fragen werden durch *if/whether* eingeführt:

Jean asks: "Have you visited the Tower?"

Jean asks **if/whether** we have visited the Tower.

Wh-Fragen (die mit *who, what, where, when, why* anfangen) werden durch diese Pronomen und Adverbien eingeführt:

Alex wants to know: "Where did you go first?"

Alex wants to know **where** we went first.

Merke: Im Hauptsatz werden folgende Verben benutzt: *ask, wonder, inquire* (sich erkundigen), *want to know, would like to know* etc.

101. Setze folgende Sätze in die direkte Rede: Questions about London

1. Mary asks whether we met the Queen.
   ____
2. John wants to know when the Changing of the Guards is.
   ____
3. Terry asks what we liked best in London.
   ____
4. Lily inquires if we took any photos of St. Paul's Cathedral.
   ____
5. Our cousin would like to know where we stayed in London.
   ____

Die ***Befehlsform*** *(imperative)* wird in der indirekten Rede durch den Infinitiv ersetzt. Sie wird durch folgende Verben eingeleitet: *tell, insist* (bestehen), *demand* (verlangen), *suggest* (vorschlagen) etc.; diese Verben sind nicht immer dabei in der direkten Rede:

Grandmother: "*Pay* attention to the traffic!"
Grandmother tells us *to pay* attention to the traffic.

102. Vervollständige die Sätze in der indirekten Rede:

1. "Don't lean out of the window!" says the old man.
   The old man advises us ______________________
2. George: "Mother, please give me another sandwich."
   George asks his mother ______________________
3. The doctor to Aunt Juley: "Take a walk in the fresh air."
   The doctor suggests to Aunt Juley ______________________
4. "Don't waste *(verschwenden)* your time on useless things", father says.
   Father tells us ______________________
5. My angry sister: "Leave me alone!"
   My angry sister tells me ______________________

Lösungen

1. 1. sister, brother; 2. aunt, uncle; 3. cousin, cousin; 4. doctor, doctor;
   5. grandmother, actress, grandfather, actor

2. cats; brush; knife; flowers; hobby; piano; books; leaves; bus; potato; churches; stories

3. 1. woman, women 2. foot, feet 3. tooth, teeth 4. child, children

4. Waagerecht: NEWS, SHORTS, INFORMATION, ADVICE
   Senkrecht: POLICE, SCISSORS, PEOPLE

5. Du kannst auch andere Sätze wählen, aber die Genitive sollen stimmen.
   1. The boys' ball is not blue.
   2. The children's dog is friendly.
   3. The policemen's caps are too large.

6. 1. I like the pictures of this book a lot.
   2. The Wilsons' cats ate our sausages.
   3. The new actors of this theatre are very young.
   4. Peter's stamps are very interesting.
   5. The actors' new theatre is very modern.

7. /ðə/, /ðiː/, /ðə/, /ðə/, /ðiː/, /ðə/, /ðə/, /ðiː/

8. 1. the 2. the 3. – 4. the 5. – 6. The 7. – 8. – 9. The 10. – 11. The
   Lösungswort: B R E A K D A N C E R

9. 1. Mutter bat Ann, ein Brot zu kaufen, aber sie kaufte eine Tafel Schokolade.
   2. We order a glass of water and a glass/bottle of coke.
   3. Ich möchte einen Tee und ein Butterbrot.
   4. Uncle Jo gives us a good piece of advice.
   5. Our neighbour received some bad news.
   6. So ein Papier wie dieses ist schwer zu finden.
   7. The pupils had wonderful weather in the tent camp.

10. 1. There is no mineral water in the kitchen.
    There isn't any mineral water in the kitchen.
    2. Did his sister order any ice-cream?
    3. Carol needs some help with the homework.
    4. The children shouldn't drink any tea.
    The children should drink no tea.

5. Does Grandma need any advice about her medicine?
6. The postman could give me some information about the letter.

11. 1. many 2. much 3. much, many 4. many 5. much, many 6. much

12. 1. little 2. a little 3. A few 4. few 5. a little 6. little 7. few 8. a few

13.
1. Yours is wrong.
2. The girls lost theirs too.
3. Mark is going to ride his, too.
4. Ours were not so good.

14.
1. ... that hat of yours.
2. ... three books of hers ...
3. Some guests of theirs ...
4. That dog of yours ...
5. ... that old-fashioned recorder of his.
6. Four glasses of ours ...

15.
1. Father says: "I've got something for everybody: the ice-cream is yours, Terry, the chocolate is yours, Ben and Sally, and the sweets are his."
2. Have you got your tickets?
   I have got mine, but Paula and Steve can't find theirs.
3. Are you taking your skates with you?
   We are taking ours, but Jenny doesn't want to take hers.

16. Ein Elefant und eine Maus sind im Schwimmbad. Der Elefant ist im Wasser. Plötzlich ruft die Maus den Elefant: „Komm her!" Der Elefant kommt heraus aus dem Wasser und fragt: „Was ist los?" Die Maus schaut den Elefanten an und sagt: „Alles in Ordnung. Ich wollte sehen, welche Badehose du anhast. Ich kann meine nicht finden."

17. 1. That 2. This 3. These, those 4. this, that 5. These, those 6. Those, this

18.
1. Who is Mark's favourite film hero?
2. What is the article in the newspaper about?
3. Whose fans write hundreds of letters?
4. To whom did the jury give an "Oscar"?
   Who did the jury give an "Oscar" to?

19. 1. What is the girl's name?
2. What do you need these books for?
3. What postcards did we buy?
4. What is the story you are reading about?

20. 1. What 2. Who 3. Who 4. Which 5. What 6. whom 7. Which 8. Who

21. 1. one; 2. this one, two French ones; 3. the ones, those ones, these ones; 4. one

22. 1. They have got no tomatoes.
2. Diane is going to buy some spices.
3. Don't put any more salt in the soup.
4. I can give you some eggs for your ice-cream.
5. Have Dick and Steve any time left for their starter?
6. **a.** I know that Lucy didn't buy any vanilla yesterday.
b. I know that Lucy bought no vanilla yesterday.

23. 1. any; 2. some; 3. any; 4. some; 5. no

24. 1. We have some salt and some oil, but we have no vinegar / but we don't have any vinegar.
2. Did you buy any olives yesterday?
3. Please ask Ann if we have any cheese.
4. We take some tomatoes, but no onions.
5. I hope you use garlic, too.
6. I don't like any garlic in my salad.

25. 1. any; 2. anyone; 3. somewhere; 4. something; 5. nowhere; 6. anything; 7. No one; 8. everywhere; 9. No; 10. Every

26. somebody, some (words), every (time), something, any (chance), nothing, some (time), any (words), something

27. 1. as strong as; 2. not as sweet as/less sweet than; 3. not so dangerous as/ less dangerous than; 4. as boring as

28.

young	younger	the youngest
frantic	more frantic	the most frantic
furious	more furious	the most furious
unpleasant	more unpleasant	the most unpleasant
curious	more curious	the most curious

29. 1. more expensive; 2. most hardworking; 3. narrower/more narrow; 4. cleverest/most clever; 5. more delicious; 6. friendlier/more friendly

30. 1. Nowadays travelling from one country to another is getting easier and easier.
2. Planes are getting faster and faster.
3. It is also less and less difficult to get a visa for foreign countries.
4. Tourist offices offer more and more interesting journeys for every season.

31. Je mehr wir lernen, desto mehr wissen wir. Je mehr wir wissen, desto mehr vergessen wir. Je mehr wir vergessen, desto weniger wissen wir. Je weniger wir wissen, desto weniger vergessen wir. Je weniger wir vergessen, desto mehr wissen wir. Warum sollen wir also lernen?

32. happily, gently, wonderfully, fully, automatically, nobly, heavily, really, unbelievably, largely, interestingly/in an interesting way, in a friendly manner

33. A: BADLY, HIGHLY, DEEPLY
B: WELL, WHOLLY
C: FAST, HARD, FAR, DAILY
D: HERE, THEN, NOW, EVER, TOO, VERY

34. 1. delicious; 2. good, terrible; 3. carefully; 4. fresh; 5. quickly, soft

35. 1. The children tasted the cake quickly. It tasted strange.
2. The story sounds exciting, but the pictures look terrible.
3. Get ready, or we'll miss the train!

36. 1. The Loch Ness monster is quite famous.
2. People usually call her Nessie.
3. Sometimes she comes / She sometimes comes out of the water and frightens the tourists terribly.
4. Nobody knows her well enough.
5. People often think that they see her, but it is usually some normal object.

37. 1. What do you usually do at weekends?
We often go to the theatre and sometimes we go to the opera.
2. Do you go to the cinema regularly?
Yes, I do, but I never watch war films.
3. We go for walks in the mountains once a week, but we seldom go mountain-climbing.

4. What do you enjoy doing on Sundays?
   I am always with my friends and every Sunday morning we go riding.

38.
1. It will rain heavily here tomorrow.
2. John appeared unexpectedly at the birthday party yesterday.
3. The baby slept peacefully in his room after dinner.
4. The boys played noisily in the garden from five till seven.
5. Where is Ted's dog? It/He was barking impatiently on the back seat of his car an hour ago.
6. The politician spoke convincingly at the meeting last Monday.

39.
1. Leila is waiting more impatiently than Ann.
2. Ted is painting as skillfully as Jim.
3. Alex is not behaving as politely as Tim.
   Alex is behaving less politely than Tim.
4. Mr B is driving most dangerously.

40. 1. LEAST; 2. LONGEST; 3. LESS; 4. WORST; 5. MORE; 6. FARTHEST
Lösungswort: WATER

41. Mögliche Lösungen
1. Jane and Luke have taught their dog to fetch a ball.
2. We have borrowed some books from Ann.
3. Terry has written a poem for Maria.
4. Poor Tommy! He has lost his bag.

42.
1. I hope we have got everything.
2. Have you taken some torches with you?
3. Yes, but I haven't bought any batteries yet.
4. Has anyone packed any medicine?
5. I have bought some plasters and some aspirin.
6. Mr Smith hasn't repaired it yet.
7. Have you asked your parents to buy you a new one?
8. I have borrowed one from my cousin.

43.
1. We have known the Winters for ten years.
2. Uncle Jack has had this old-timer since 1954.
3. Fatima has played the piano since her fifth birthday.
4. Fumiko has lived in Germany for eight months.
5. Harald has learnt French for half a year.
6. Who has taken care of our neighbour's garden since his accident?

44. 1. have you ever seen; 2. haven't seen, read; 3. has noticed, took; 4. have claimed, have observed, have actually been; 5. constructed, filmed, told, discovered

45. 1. met; 2. have already met; 3. appeared; 4. has written; 5. Have you already decorated; 6. finished; 7. has happened; 8. fell

46.
1. Ann and Kate have been studying for the Latin test since nine o'clock.
2. Little Timmy has been watching TV for half an hour.
3. The mouse has been teasing the cat all day long.
4. I have been painting the kitchen since two o'clock.

47.
1. Julia will meet a nice boy next weekend.
2. Someone will tell Daniel some good news on Monday.
3. Kevin will not win the lottery this week.
4. Lucy will lose a favourite thing, but she will find it again.
5. Will the future bring Tony any change?

48.
1. At 10 o'clock Joan will be at the dentist's.
2. At 12 o'clock Terry will see the optician.
3. At 2 p.m. Tim will visit a museum.
4. At 4 p.m. Molly will be at the hairdresser's.
5. At 6 p.m. Liza will phone her aunt Lucy.
6. At 8 p.m. Ann and Dick will go to a party.

49.
1. we will be able to sing
2. she will have to answer
3. we will have to clean
4. they will be able to fly
5. will be allowed

50.
1. Is Harry going to drive or to fly to Rome?
   He is going to fly to Rome.
2. Are his parents going to come now or later?
   His parents are not going to come now.
3. Harry is not going to study in Rome.
   He is going to marry in Rome.
4. Are Harry and his wife going to live in Rome or in Leeds?
   They are going to live in Leeds.
5. They are not going to speak Italian with each other.
   They are going to speak English with each other.

51. 1. Sue and Larry's mother will have her birthday on Sunday.
    2. The children are going to make her a surprise.
    3. They are going to make a cake for her.
    4. Sue will / is going to buy the ingredients.
    5. Aunt Julia is going to help them.
    6. The children hope that their surprise will be successful.

52. 1. Morgen fangen sie mit der Ausgrabung der Ruinen an.
    2. Sie schicken die Schätze an das Museum in der nächsten Stadt.
    3. Unser Geschichtslehrer fliegt nächste Woche auch hin.
    4. Unsere Schule stellt in der ersten Juniwoche einige Gegenstände aus.

53. will do; won't do; is going to do; shall do; shan't do; is about to be going to

54. 1. Having dinner with our old friend made us very happy.
    2. Louis enjoyed playing tennis with Laura.
    3. Tina hates cleaning the windows.
    4. Observing the people in the park is very interesting.
    5. Watching the talk show on TV was a waste of time.

55. 1. Shirley hielt an, um Eis zu kaufen.
    2. Shirley hörte auf Eis zu kaufen.
    3. Vater vergaß, dass er den Brief geschickt hatte.
    4. Vater vergaß den Brief zu schicken.
    5. Es tut mir Leid, Joan gesagt zu haben, dass Terry gekommen ist.
    6. Es tut mir Leid, Joan zu sagen (sagen zu müssen), dass Terry gekommen ist.

56. 1. to work, working; 2. to see, seeing; 3. to find; 4. putting; 5. to walk; 6. looking for

57. 1. Being alone at home Peter invited his friend Steve to spend the night at his place.
    2. Both enjoyed staying up late.
    3. At eleven o'clock they decided to go to bed.
    4. Suddenly something seemed to move behind the door.
    5. The boys stopped talking and didn't make a sound.
    6. But then they decided to open the door and have a look outside.
    7. The two started laughing / to laugh: it was only the cat.

58. 1. apologized for; 2. succeeded in; 3. proud of; 4. crazy about/keen on; 5. are interested in

59. 1. Eve doesn't mind going on foot to the theatre.
2. I think this boat is worth buying.
3. Uncle Joe spent a lot of time on repairing the old-timer.
4. What/How about spending the weekend with us in the mountains?
5. The river is too deep. It's no use trying to cross it.

60. 1. can; 2. May; 3. should / ought; 4. can; 5. must; 6. can / may, must; 7. Can; 8. can, may / must

61. 1. could, and; 2. Can, to, the; 3. have, able; 4. be able, more; 5. could, after

62. 2. Your sister could give us a helping hand with the decorating.
3. You may turn on the TV set if you want.
4. Nobody has been able to land on Mars so far.
5. The tourists won't be able to climb that mountain.
6. My friends and I will be allowed to take driving lessons next year.
7. Steve hasn't been allowed to drive his father's car yet.
8. We might find a hotel on our way, but I doubt it.

63. 1. need not/needn't; 2. must; 3. must; 4. need not/needn't; 5. must; 6. must not/mustn't

64. 1. Oliver must tell his parents the truth about the lost bag.
2. He needn't be afraid. His parents are very nice.
3. The bag must still be at the stadium. His identity card must be inside.
4. We needn't look for it. Somebody has found it and taken it to the police station.

65. will have to; 2. had to; 3. didn't have to; 4. will have to; 5. didn't have to; 6.will have to

66. 1. may/might; 2. allowed to; 3. Can/May; 4. have to; 5. must; 6. can; 7. able; 8. Could

67. 1. Shall we buy a new leash for Blacky?
2. Would you like to see our photos from Spain?
3. Oliver's car won't start.
4. You should inform your parents about your plans.
5. Will you help me with the luggage, please?

68. 1. aren't they (Merke den Gebrauch von *they* als Pronomen für *people!*); 2. could you; 3. are there; 4. have you; 5. need we; 6. has he

69. 1. don't they?; 2. can't you?; 3. don't they?; 4. does one/he? (Merke die zwei Möglichkeiten der Wiedergabe von *one*!); 5. didn't they?; 6. don't we?; 7. did she?; 8. didn't they?

70.
1. You have read "Winnetou", haven't you?
2. Terry hasn't seen the film "Tom Sawyer" yet, has he?
3. We'll go to the theatre on Sunday, won't we?
4. Elaine will play the main part, won't she?
5. It's going to rain, isn't it?
6. The Brooks are flying to Texas next week, aren't they?

71.
1. The story of William Tell takes place in Switzerland, doesn't it?
2. William Tell was a simple hunter, wasn't he?
3. He fought for the freedom of his people, didn't he?
4. He had to hit the apple on his son's head with an arrow, didn't he?
5. William Tell became a hero, didn't he?

72.
1. is it?; it isn't
2. can we?; we can
3. I do; do you?
4. must we?; we mustn't
5. couldn't we?; we could

73. ON, IN, BY, AT, LIKE, TO, WITH, FOR, INSIDE, UNDER, DURING, FROM

74. 1. outside; 2. behind; 3. with; 4. between; 5. like; 6. in common; 7. during; 8. at full speed

75.
1. Markus and Eva went to New York last year.
2. Now they tell something about their first day in this big city.
3. On the first day they wanted to go to Central Park.
4. They immediately asked the way, but they didn't find the park.
5. A policeman helped them, but they arrived there quite late.
6. They looked at everything in a hurry.
7. They had to be at home at seven o'clock.
8. They liked the breakdancers most.

76\. 1. Mr Star isn't abroad.
2. … didn't know the kidnappers.
3. … don't want a lot of money.
4. … didn't receive an anonymous letter before.
5. … couldn't tell interesting things.
6. … isn't in danger.

77\. 1. Can Miss Marple help the police? Yes, she can.
2. Have the police enough information? No, they haven't.
3. Is Mrs Star leaving the town? No, she isn't.
4. Must the neighbours tell what they know? Yes, they must.

78\. 1. Did the newspapers write about Mr Star's kidnapping? No, they didn't.
2. Did Miss Marple find an important clue in the garden? Yes, she did.
3. Did she want to catch the kidnappers alone? No, she didn't.
4. Did the police arrest them with Miss Marple's help? Yes, they did.

79\. 1. What do you do with it?
2. When do you/does one use it?
3. Where do you keep it?
4. What colour is it?
5. Who uses it mostly?
6. How often do you / does one need it?

80\. 1. What is all this fuss about?
2. Which bookshop … this book at?
3. Who does Will … with?
4. Which address … the letter to?
5. Where does … come from?
6. Which bottle … the milk into?
7. What country … flying over now?

81\. 1. Please come back soon!
2. Don't forget to send us a message!
3. Tell our best wishes to your parents.
4. Remember to send us a photo of your family.
5. Don't stop learning English when you are at home.
6. Take care of you yourself during the journey.

82\. 1. Linda fell and dropped the bottle of milk.
2. These birds leave in autumn and come back in spring.
3. You have many friends if you are friendly.
4. When the pupils visited him, the old teacher was very happy.

83\. 1. Dave has promised us that he will come to see us.
2. I can't remember where I bought these books.
3. We hope that the budgie will recover soon.
4. They have no idea why Jane has left the room.
5. The children went to bed early because they were very tired. /
As the children were very tired, they went to bed early.
6. I want to know when the postman delivers the post.

84. (Es sind nur die Sätze angegeben, wo das Komma notwendig ist)
2. When they reached the airport, Bryan wanted to buy a present for his cousin at the tax-free shop.
3. As they had enough time, Bryan's parents decided to go and have a coffee.
4. When Bryan came back, he couldn't find his parents.
7. As he was very nervous, Bryan told her the wrong number.

85. 1. Mrs Bell is calling the police because somebody has stolen one of her paintings.
2. The police know that Mrs Bell is telling the truth.
3. Everybody thinks that the police will catch the thief.
4. If the police find the picture, the insurance doesn't have to pay for it.

86. 1. Susy hopes that she will meet Alex.
2. We know that George can ride very well.
3. Tell your neighbour that we can see smoke coming out of his window.
4. Graham heard that the rock star was going to visit their town.

87. 1. who, that; 2. which, that; 3. who, that; 4. which, that; 5. who, that; 6. which, that

88. 1. about whom
2. for whom
3. to whom
4. by whom
5. in which

89. 1. The old lady (who(m)) the Brights left their dog with took good care of it.
2. The trees (which/that) Grandfather planted in the garden last year are quite big now.
3. The girl who/that wrote an article about environment protection was very successful.
4. The injured old man (who(m)/that) Brian found in the street will recover soon.
5. The pictures (which/that) the girls took of the castle are not very well-focused.
6. The heavy snow which/that is going to fall in the next days will change our plans for the weekend.

90. 1. where; 2. when; 3. why; 4. when; 5. where; 6. why

91. that, Who, that, who

92. 1. when; 2. After; 3. until; 4. before; 5. until; Lösungswort: water bucket

93.
1. When the new millenium starts, everybody will try to make the world better.
2. When we understand the importance of a healthy environment, we'll put an end to pollution.
3. When we are adults, we'll spend our holidays on the moon.
4. When machines can do nearly everything for us, we'll have more free time.
5. When doctors find new cures, many diseases will disappear.
6. When our children are born, they will live in freedom.

94.
1. Tomorrow we'll go to the zoo if it doesn't rain.
2. We'll visit Madame Tussaud's **a)** <u>if</u> the bus drivers are no longer on strike. **b)** <u>when</u> the bus drivers are no longer on strike.
3. The children can/may have the old rocking-horse if they want to.

95. 1. goes; 2. will mew; 3. tells; 4. won't punish; 5. paints; 6. will water

96. **a.**
1. If Elaine doesn't put on her raincoat, she will catch a cold.
2. If Mother boils the eggs too long, they will be quite hard.
3. If the neighbours leave the dog alone, it will bark all day long.
4. If the firemen come immediately, the house won't burn.

b.
1. If Peter doesn't go to the ski-camp, he will be sad.
2. If you don't leave the cage open, the budgie won't fly away.
3. If Janet doesn't save enough money, she won't buy a new bag.
4. If we are late for the bus, we won't catch the plane.

97. 1. will have to, want; 2. helps, will do; 3. will know, make; 4. organize, will learn; 5. are, may

98.
1. Big Chief says that the bandits have stolen their horses.
2. His son answers that they rode to the north.
3. Big Chief says that they will not get far.
4. Big Chief's friend declares that they will catch up with them before noon.
5. Big Chief shouts that they must take their best men and start immediately.

99. 1. Our neighbour's daughter says: "I'm not going to come with you."
2. The postman has just said to the Browns: "I hate your dog."
3. Grandma often mentions: "I can't understand these young people who play such loud music."
4. Jane will say to her little brother: "You must stay at home."

100. 1. Dan will surely say that they don't like it there.
2. Julia informs us that she couldn't call us the day before.
3. They promise us that they'll return the book the following week.
4. My friends mention that they will leave their car there in front of the hotel.

101. 1. Mary asks: "Did you meet the Queen?"
2. John wants to know: "When is the Changing of the Guards?"
3. "What did you like best in London?", Terry asks.
4. Lily inquires: "Did you take any photos of St. Paul's Cathedral?"
5. "Where did you stay in London?", our cousin would like to know.

102. 1. ... not to lean out of the window.
2. ... to give him another sandwich.
3. ... to take a walk in the fresh air.
4. ... not to waste our time on useless things.
5. ... to leave her alone.

Englisch

Übersetzung 5./6. Klasse

Erika Jacobi M.A.

Der Infinitiv

Wie du gerade gesehen hast, stehen einige Verben im Englischen mit einem Gerundium. Andere haben dagegen immer den Infinitiv (z. B.: *to go, to eat)* nach sich.

Infinitivkonstruktionen

Lisa: "Tom, I ***forgot to tell*** you. Our English teacher has decided to have an exam next Friday."
Tom: "Oh, really? That soon? ***Would you like to study*** for it together?"

Es gibt auch eine Reihe von Verben, die **to + Infinitiv** anschließen. Hier einige Beispiele:

Verben	**Beispiele**
need to	My parents **need to talk** to my math-teacher.
want to	I **want to go** home now.
have to	My little sister **has to be** at home at 7 o'clock.
forget to	Peter always **forgets to do** his homework.
promise to	My father **promised to spend** time with me on Sunday.
decide to	We **decided to stay** at home last night.
seem to	Peter **seems to be** very tired.
offer to	Yesterday my mother **offered to take** me to school.
would like to	I **would like to go** to the cinema tonight.

Diese Verben können auch in der Vergangenheit oder in anderen Zeiten stehen, doch auch dann folgt auf diese ***to*** **+ Infinitiv**.

I need**ed** to **talk** to you.
Peter want**ed** to **go** out with Sally.

1. Tom unterhält sich gerne mit Sue. Versuche die Sätze aus dem Gespräch der beiden zu ergänzen.

Tom: "Can I buy you a coke?"
He offered to buy Sue a coke.

1. Tom: "I must help my brother tomorrow morning."

He needs ______________________________________.

2. Sue: "My dream is to go to Canada."

   She wants ____.

3. Tom: "Oh, I didn't close the window."

   Tom forgot ____.

4. Sue: "I am going to the swimming pool after school tomorrow."

   She decided ____.

5. "You look very exhausted."

   Tom seems ____.

2. Welche Wörter aus den beiden Boxen passen zusammen in die Lücken? Verbinde die Wörter. Vergiss nicht das *to*!

have	take
decided	be
forgot	repair
seems	water
offered	eat

All of the plants are dead. Peter forgot to water them.

1. It was raining. So we ______________________________ a taxi.
2. Patrick broke my bike, but he ___________________________ it.
3. I am so hungry. I really _________________________ something now.
4. Peter is *yawning. He _______________________________tired.

*to yawn = gähnen

Achtung: ***Like*** und ***would like*** hören sich zwar ähnlich an, werden aber anders gebildet und haben auch unterschiedliche Bedeutungen. Dasselbe gilt für *prefer* und *would prefer*.

I **like dancing**.	Ich **tanze** gerne.
(like + Gerund)	*(Behauptung)*
I **would like** to dance.	Ich **würde** gerne **tanzen**.
(would like + to + Infinitiv)	*(Wunsch)*

Zeiten

Gegenwart

Simple present

Lisa und Tom müssen für die Schule eine Reportage machen. Lisa interviewt Tom:

Wie du vielleicht gemerkt hast, ist der Text im *simple present tense* (= einfache Gegenwart) geschrieben. Es wird so gebildet:

Singular	Plural	Singular	Plural
I walk you walk he, she, it **walks**	we walk you walk they walk	I go you go he, she, it goes	we go you go they go

Die wichtigsten Merkmale bei der Bildung des *Simple present*:
- Das *-s* am Ende des Verbs in der dritten Person Singular.
- Nach den Lauten *-s/-ch/-sh-* kommt ein *-es* (*pass - passes, watch - watches*) Auch die Verben *go, do* haben ein *-es*. (*does, goes*).
- Aus *-y* wird in der dritten Person *-ies* (*study - studies; carry - carries*).

3. Bilde die dritte Person Singular.

I talk – he talks
1. I run he runs
2. I finish he finishes
3. I read he reads
4. I live he lives
5. I go he goes
6. I speak he speaks
7. I wash he wases
8. I cook he cooks

Für Fragen oder Verneinungen brauchst du eine Umschreibung mit dem Verb *do* (außer bei den **Hilfsverben** *be, can, could, would, should!*)

Do I walk? I don't (do not) walk.
Do you walk? You don't (do not) walk.
Does he/she/it **walk**? He, she, it **doesn't (does not) walk**.
Do we/you/they walk? We/you/they don't (do not) walk.

In Fragen und Verneinungen kommt das -s bei *he/she/it* an das Hilfsverb (*does*) und nicht an das Vollverb (*walk*).

4. Welche Lösung ist richtig?

1. a) Do you like Coke? b) Like you Coke? c) Does you like Coke?

2. a) Peter don't studies enough. b) Peter doesn't study enough. c) Peter doesn't studie enough.

3. a) He don't watches TV a lot. b) He doesn't watchs TV a lot. c) He doesn't watch TV a lot.

Das *Simple present* wird benutzt:

- **Für Dinge, die regelmäßig passieren oder die allgemein gültig sind**, z. B.: *Sidney ist nicht nur jetzt im Moment eine schöne und aufregende Stadt, sondern immer.*
- Bei den folgenden Wörtern: **often, sometimes, never, usually, every** (*z. B. every Monday, every morning, every year*), **normally, regularly, in general**. Diese Wörter stehen vor dem Verb! Nur „every" kommt ans Ende, z.B. *I often watch TV in the afternoon. Tim plays tennis every Monday*.

5. Was macht Lisa jeden Tag? Schau dir die Zettel an, die Lisa für dich vorbereitet hat und beschreibe ihren Tagesablauf in ganzen Sätzen. Nimm dazu ein Extra Blatt Papier.

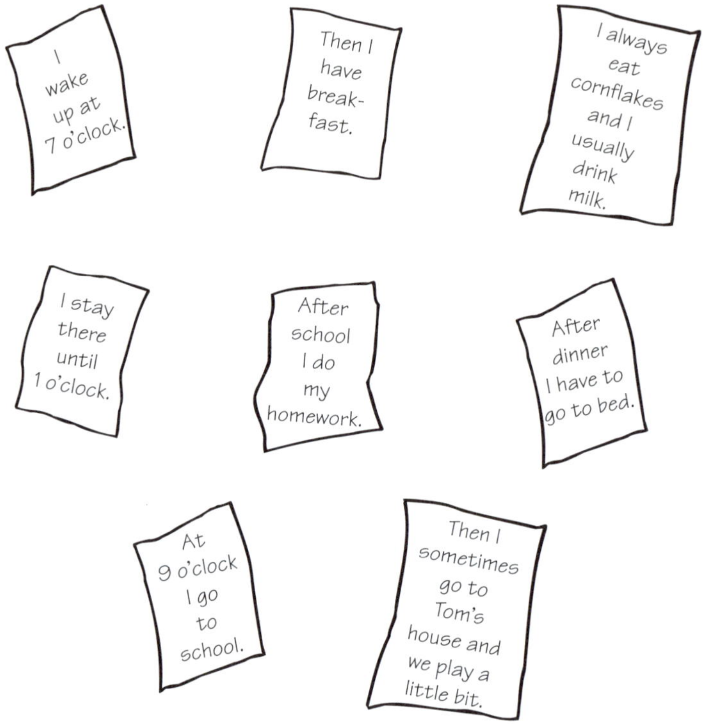

Lisa wakes up at …

6. Jetzt bist du dran. Wie sieht dein Tag normalerweise aus? Benutze die Schlüsselwörter, die in dem Regelkasten stehen.

I usually wake up at ____

7. Übersetze die Fragen. Schreibe die Antworten in ein Extra-Heft.

1. Spielst du manchmal Volleyball?
2. Hat dein Vater ein Auto?
3. Arbeitet deine Mutter?
4. Kann Peter Spanisch sprechen?
5. Wie oft siehst du deine Freunde?
6. Hast du ein Fahrrad?
7. Wann gehst du normalerweise ins Bett?
8. Um wie viel Uhr fängt die Schule an?

8. Das *simple present* benutzt man auch für Fahrpläne oder Programme. Schau dir mal den Flugplan an und beantworte die Fragen.

Departures

Time of Departure	**Airline**	**Destination**	**Time of Arrival**
7.15 am	Lufthansa	Manchester	8.30 am
8.16 am	TWA	London	9.14 am
9.45 am	American Airlines	Munich	10.45 am
9.55 am	Swiss Air	Tel Aviv	12.30 am
10.15 am	Delta	New York	8.30 pm
10.35 am	LTU	Hong Kong	7.55 pm
11.23 am	British Airways	San Francisco	6.30 pm

When does the plane to New York leave?
The plane to New York leaves at 10.15 am.

1. Which airline flies to Tel Aviv?

2. What time is the flight to San Francisco?

3. Which airline flies to Hong Kong?

4. When does the British Airways plane land in San Francisco?

5. What time does the plane arrive in Manchester?

6. Which airline is it?

Present continuous

The sun **is shining** and Lisa **is playing** outside and I **am sitting** here doing my homework.

Der Text steht im **Present continuous** (= Verlaufsform der Gegenwart), weil erzählt wird, was **im Moment** passiert: Die Sonne scheint nicht immer, sondern nur *im Moment*. Tom muss genau *jetzt* seine Hausaufgaben erledigen, während Lisa *gerade* draußen spielen darf.

Das **Present continuous** wird für Dinge, die im Moment ablaufen. Erkennungswörter sind: **now, at the moment, today, this week, this year**. Wörter wie **Look!, Watch!** ebenfalls, weil sie zeigen, dass im Moment etwas passiert. *Look! Somebody is stealing your car.*

Und so bildest du die Continuous-Form:

Continuous	**Frage**	**Verneinung**
I am walking.	Am I walking?	I am not walking.
You are walking.	Are you walking?	You are not walking.
He/she/it is walking.	Is he/she/it walking?	He/she/it is not walking.
We are walking.	Are we walking?	We are not walking.
You are walking.	Are you walking?	You are not walking.
They are walking.	Are they walking?	They are not walking.

In der Verneinung und in der Frage steht kein **do**. Das Verb und das Subjekt werden einfach umgedreht. Wenn der Infinitiv mit einem Konsonanten endet, wird der **Konsonant verdoppelt**: z. B.: *run – running, stop – stopping*.
Ein **-ie** wird zum **-y**, z. B. *die-dying, lie-lying* und ein **-e** am **Ende entfällt**, z. B.: *write-writing, smoke-smoking.*

9. Versuche so viele Fragen oder Sätze wie möglich zu bilden:

I is we running the sun are you
we am is shining Tom on holiday they
are TV going dreaming watching are
talking mum preparing is dinner

10. Was machen Tom und Lisa im Moment?

______________________________ (Lisa liest ein Buch)

______________________________ (Tom schreibt Briefe)

______________________________ (Lisa schläft)

______________________________ (Tom badet)

______________________________ (Lisa putzt sich die Zähne)

______________________________ (Tom und Lisa streiten sich)

11. Ergänze die fehlenden Wörter oder Endungen.

Tom and Lisa __________ standing at the window. _________ are watch_______ the children outside: One girl ________ sit_________ on a bench. __________ is eat __________ ice-cream. Some boys _________ play_______ soccer. A car _______ pass_________ by. Two women __________ talk ____ to each other. An old lady _____ go_______ shopping. All of a sudden Lisa _______ say_______ to Tom: "They __________ all having so much fun. Why __________ we stay_______ inside? Let's go outside!"

12. Kannst du die folgenden Aussagesätze und Fragen übersetzen?

1. Der Mann dort drüben raucht.

____

2. Papa duscht gerade.

____

3. Wir essen Abendbrot.

____

4. Was machst du gerade?

____

Simple present und Present continuous

Hier sind noch einmal Beispiele, die dir den Unterschied zwischen Simple present und Present continuous verdeutlichen sollen.

Simple present	**Present continuous**
The sun always shines in India. Die Sonne scheint immer in Indien. Es handelt sich hier um keine Ausnahme, sondern um die Regel. Außerdem erscheint das Schlüsselwort *always*.	**Look! The sun is shining.** Die Sonne scheint nicht immer, sondern nur jetzt im Moment. Vielleicht hat es vorher geregnet. Hier findest du das Schlüsselwort *look*. Es zeigt dir, dass dich jemand auf etwas aufmerksam macht, das gerade im Moment passiert.
Mr Smith teaches English. Der Satz drückt aus, dass Herr Schmidt regelmäßig Englisch unterrichtet, d.h. er ist Englischlehrer.	**Mr Smith is teaching English.** Der Satz drückt aus, dass Herr Schmidt im Moment Englisch unterrichtet. Ob er Lehrer ist oder nicht, können wir nicht erkennen.
What do you do? Hier wird nach dem Beruf gefragt. Wörtlich heißt es quasi: „Was tust du regelmäßig?“, also „Was machst du beruflich?“	**What are you doing?** Hier wird danach gefragt, was die Person gerade, also im Moment tut. Diese Situation könnte man sich etwa bei einem Anruf vorstellen.
Every day I go to work by car. Die Person fährt jeden Morgen mit dem Auto zur Arbeit, sie tut dies somit regelmäßig. Schlüsselwort: *every*.	**Today I am going to work by bus.** Diese Person fährt nur heute mit dem Bus. Es handelt sich dabei um eine Ausnahme. Schlüsselwort: *today*.

Manche Wörter kann man nie ins *continuous* setzten:
want, like, hate, need, prefer, depend, know, understand, believe, remember, forget

13. Übersetze:

1. Sprichst du Englisch? ______________________________
2. Weißt du, welche Sprache die Leute da drüben sprechen?
____
3. Anne telefoniert gerade. ______________________________
4. Vegetarier essen kein Fleisch. ________________________
5. Ich esse heute kein Obst. ___________________________
6. Peter mag keine Kartoffeln. __________________________
7. Jeden Morgen dusche ich. ___________________________

14. Simple present oder Present continuous?
Setze die richtige Zeit ein!

What time <u>do you start</u> (you/start) work every day?

1. How often ______________ (you/study) a week?
2. Can I turn the TV on? No, ____________ (I/study)
3. I am tired. ___________ (I/go) to bed now.
4. I am tired. ______________ (I/want) to go to bed now.
5. In Germany, ______________ (people/drive/usually) very fast.
6. Could I call you back later? ________________ (we/have) dinner at the moment.
7. Usually, ______________ (we/have) dinner at 6 o'clock.

Bei den unregelmäßigen Verben gibt es ein paar *false friends*, d.h. Wörter, die sich zwar anhören wie deutsche Wörter, aber trotzdem etwas ganz anderes bedeuten.

become	heißt nicht bekommen, sondern	**werden**
bekommen	heißt auf Englisch	**get**
show	heißt nicht schauen, sondern	**zeigen**
schauen	heißt auf Englisch	**look/watch**
mean	heißt nicht meinen, sondern	**bedeuten**
meinen, denken , glauben	heißt auf Englisch	**think/believe**

15. Hier kannst du ein paar der unregelmäßigen Verben üben.

be	______	______	sein
become	became	______	______
begin	______	begun	______
______	______	built	bauen
buy	______	______	______
______	came	______	______
______	______	______	schneiden
______	______	______	tun
______	______	driven	______
______	ate	______	______
find	______	______	______
______	______	flown	______
get	______	______	______
know	______	______	______
______	______	learnt	______
______	______	______	machen

______	met	______	______
pay	______	______	______
______	______	run	______
______	______	______	sagen
______	______	______	sehen
sit	______	______	______
______	slept	______	______
______	______	______	sprechen
steal	______	______	______
tell	______	______	______
think	______	______	______
______	______	______	schreiben

Nimm dir ein extra Papier und schreib die fehlenden Verben darauf. So kannst du immer wieder üben, ohne die Antworten zu sehen. Besonders am Anfang hilft es, die Wörter wirklich hinzuschreiben. Man kann sie sich dann leichter merken.

16. Hier noch einmal die *false friends*

werden ______________ ______________ ______________

sein ______________ ______________ ______________

bekommen ______________ ______________ ______________

zeigen ______________ ______________ ______________

denken/meinen ______________ ______________ ______________

bedeuten ______________ ______________ ______________

Die Vergangenheit

Past tense

Das **Past tense** wird benutzt, um über Dinge zu erzählen, die vergangen und komplett abgeschlossen sind, also z. B. bei Ereignissen, die **gestern** (*yesterday*), **letztes Jahr** (*last year*) oder **am letzten Wochenende** passiert sind (*last weekend*).

Gebildet wird das **Past tense**, indem man die Grundform eines Wortes, den Infinitiv, nimmt und ein **-ed** anhängt. Dies gilt für alle Formen, d.h. du brauchst kein **-s** bei *he, she, it*. Für die *Fragen und Verneinungen* brauchst du **did + Infinitiv**.

Past tense	**Frage**	**Verneinung**
I play**ed**.	**Did** I play?	I **did** not **play**.
You play**ed**.	**Did** you play?	You **did** not **play**.
He, she, it play**ed**.	**Did** he, she, it play?	He, she, it **did** not **play**.
We play**ed**.	**Did** we play?	We **did** not **play**.
You play**ed**.	**Did** you play?	You **did** not **play**.
They play**ed**.	**Did** they play?	They **did** not **play**.

Wenn du ein Verb hast, das mit einem **-y** endet, ist die **Past-tense**-Endung **-ied**, z. B.: **say – said**.
Ein **Konsonant** am Ende des Verbs wird verdoppelt, bevor du das **-ed** anhängst: **stop**, z. B. **stopped**.

17. Versuche die Sätze zu übersetzen.

1. Gestern bin ich in die Schule gegangen.

____

2. Wir haben Tennis gespielt.

____

3. Lisa hat mich gestern angerufen.

____

4. Was hast du heute Morgen gegessen?

____

5. Ich war am Wochenende nicht zu Hause.

____

18. Was hat Lisa gestern gemacht?

1. ______________________

2. ______________________

3. ______________________

4. ______________________

19. Was hat Lisa gestern **nicht** gemacht?

1. ______________________

2. ______________________

3. ______________________

4. ______________________

20. Was hast du gestern gemacht? Verwende die folgenden Wörter im Past tense und schreibe deine Sätze auf ein Extra-Blatt:
do, swim, read, play, call

Present perfect simple

Michael Jackson **has been** a singer since he was a child. He **has** always **been** very famous. He **has produced** over 20 albums and he **has given** many concerts. He **has won** numerous awards. No other pop singer **has** ever **been** more successful.

Das **Present perfect simple** wird benutzt, wenn sich alle Aussagen auf einen **Zeitraum** beziehen, der in der **Vergangenheit angefangen hat**, aber **immer noch andauert** (hier z. B. Michael Jacksons Karriere, die ja noch nicht beendet ist).

Typisch für das Present perfect ist auch, dass es benutzt wird, wenn man sagt, wie viel oder wie oft man etwas in einem nicht abgeschlossenen Zeitraum getan hat (*has produced over 20 albums*). Eine typische Frage ist auch: *Have you ever...?* (Hast du jemals.....?).

Und so bildest du das Present perfect simple:

Have/has + Infinitiv +*-ed*. In Fragen oder Verneinungen brauchst du kein *do/did*!

Present perfect simple	Frage	Verneinung
I have played.	Have I played?	I have not played.
You have played.	Have you played?	You have not played.
He, she, it **has** played.	**Has** he, she, it played?	He, she, it **has** not played.
We have played.	Have we played?	We have not played.
You have played.	Have you played?	You have not played.
They have played.	Have they played?	They have not played.

Bei **unregelmäßigen Verben** nimmst du ***have/has*** und die dritte Spalte aus der Liste (das **Past Participle**). Also: *go/went/**gone**. Have gone/has gone* = present perfect.

Einige Verben sind im **Present perfect** genauso wie im **Past tense**. Also, ganz wichtig: Im **Present perfect** nie *have* oder *has* vergessen!

Man benutzt das Present perfect in **drei verschiedenen Situationen**. Lies dir einfach die Beispiele durch.

1. My parents **have been married** for twenty years.
   *I **haven't seen** Jim in three days.*

In diesen Beispielen ist die **Handlung noch nicht abgeschlossen**: Die Eltern sind immer noch miteinander verheiratet und auch das „Nicht-Treffen" von Jim dauert noch an.

2. I **have** *just* **cut** my finger. It **is bleeding**.
   There **has been** an accident. The road **is closed**.

In diesen Beispielen ist die **Handlung gerade erst abgeschlossen**, aber die **Auswirkungen sind immer noch sichtbar**: Die Schnittverletzung ist durch das Bluten noch deutlich spürbar und der Unfall hat die Auswirkung, dass die Straße gesperrt werden musste. D. h. der Unfall ist zwar bereits passiert, aber die Auswirkungen auf den jetzigen Zeitpunkt sind noch bemerkbar. Erkennungswörter für diese Situation sind: *just* (gerade), *already* (schon), *not yet* (noch nicht).

3. I **have been** to America twice *in my life*.
   Have you **ever eaten caviar**? No, I **have never eaten** any.
   I **have had** many problems *this week*.

Die Handlung findet zwar in der **Vergangenheit** statt, doch der **Zeitraum**, auf den sich die Gesamtaussage bezieht, **ist noch nicht abgeschlossen**. Diese nicht abgeschlossenen Zeiträume sind hier *in my life* oder *this week*.

Sätze in **Present perfect** und **Past tense** werden im Deutschen gleich übersetzt, im Englischen musst du aber einmal *have been* und einmal *was* sagen, z. B.:

- Present perfect: *I have been in America twice in my life* (**my life = nicht abgeschlossener Zeitraum**).
- Past tense: *I was in America in 1989 and 1990* (**1989 und 1990 = abgeschlossener Zeitraum**)

21. Denke dir Fragen aus, die mit *Have you ever …* oder *Has he/she ever …* beginnen. Gib auch die passenden Antworten!

	be sailing	
	go skiing	
	see the Queen of England	
	read a book in English	
Tom	be to Russia	
Lisa	help an old lady	?
You	have $ 100	
	not do your homework properly	
	be to the beach in fall	
	swim in the ocean	

Question: Has Lisa ever been sailing?

Answer: No, she has never been sailing (No, she hasn't/Yes, she has)

1. Question: ______________________________

   Answer: ______________________________

2. Question: ______________________________

   Answer: ______________________________

3. Question: ______________________________

   Answer: ______________________________

4. Question: ____

Answer: ____

5. Question: ____

Answer: ____

6. Question: ____

Answer: ____

7. Question: ____

Answer: ____

8. Question: ____

Answer: ____

9. Question: ____

Answer: ____

22. Kannst du die fehlenden Verben ins Present perfect simple setzen?

Lisa is bleeding. She has cut (cut) her finger.

1. Tom fell off a tree. He ____________________ (break) his leg.
2. I ____________ just ______________(have) lunch.
3. ______________ you already____________ (post) the letter?
4. No, I _____________________________(do) it yet.
5. Lisa and Tom _________________ (be) ______ friends for 4 years.
6. I ______________________ (not talk) to my English teacher today.

Present perfect simple and Past Tense

Wenn du dich zwischen Past tense und Present perfect entscheiden musst, ist die wichtigste Frage, ob die Handlung bzw. der Zeitpunkt, auf den sich das Gesagte bezieht, abgeschlossen ist oder nicht.
Vergleiche noch einmal die folgenden Beispiele:

Present perfect simple	**Past tense**
1. Die Handlung ist noch nicht abgeschlossen. Sie hat in der Vergangenheit angefangen und dauert noch an. Es wird keine Zeitangabe gegeben, die in der Vergangenheit liegt.	1. Für komplett abgeschlossene Handlungen.
2. Auch gerade abgeschlossene Handlungen stehen im Present perfect, wenn die Auswirkungen noch spürbar sind.	2. Die Zeitangabe liegt in der Vergangenheit oder es ist bekannt, dass die Handlung vorbei ist.
3. Wir benutzen das Present perfect auch, wenn wir sagen, wie oft etwas in einem nicht abgeschlossenen Zeitraum geschehen ist. (*How often? Have you ever …?*)	3. Das Past tense wird auch in der Frage mit *when?* und in der Antwort auf diese Frage verwendet.
Vergangenheit Gegenwart 	Vergangenheit
Beispiele:	**Beispiele:**
My father has been with BMW for 2 years.	***My father was with BMW for 24 years.***
Nicht abgeschlossener Zeitraum: Der Vater arbeitet noch für BMW.	**Abgeschlossener Zeitraum:** Der Vater arbeitet jetzt nicht mehr bei BMW.

I have never eaten caviar.	***I ate caviar when I was in Italy last year.***
Keine abgeschlossene Zeitangabe: Mein Leben ist noch nicht abgeschlossen. Ich kann noch Kaviar essen oder es weiterhin nicht tun.	**Abgeschlossen mit Zeitangaben:** *when I was in Italy; last year*
I have worked all day. So I am very tired.	***I worked very hard last month.***
Das Arbeiten ist in der Vergangenheit, hat aber noch Auswirkungen auf das Jetzt.	**Abgeschlossen mit Zeitangabe**

23. Setze die Verbformen im *Present perfect simple* oder *Past tense* ein.

I went shopping yesterday.

1. Jim ________ (is) to Russia.
2. __________ you ever ____________ (see) the movie "Star Wars"?

   No, I ____________ never _________ it. (see)
3. What __________ you ____________ (do) last night?

   Lisa __________ (come) over and we _________________ (watch) TV. Then we ______________ (talk) a bit and she ______________ (go) home.
4. My mother _________________________________ (not/prepare) dinner yet.

24. Übersetze und entscheide dich für *Present perfect* oder *Past tense*.

1. Gestern Abend bin ich nicht auf Peters Party gegangen.
2. Dieses Jahr bin ich noch nicht auf so viele Parties gegangen.
3. Jim war schon oft in England.

Present perfect continuous

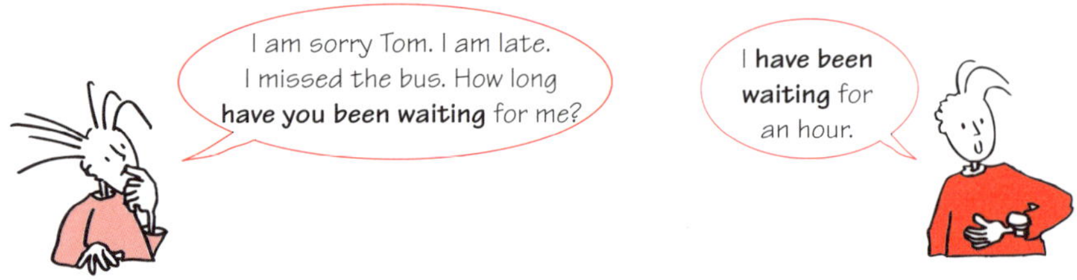

Das **Present perfect continuous** steht für **Dinge oder Aktivitäten**, die in der **Vergangenheit begonnen haben und gerade erst aufgehört haben oder noch andauern**. Es gibt immer eine Verbindung mit der Gegenwart. Das Present perfect continuous betont vor allem die **Länge der Aktivitäten**. Deshalb benutzt man es oft bei der Frage: *How long …?*

Das **Present perfect continuous** wird so gebildet:

Have/has + been + verb + ing, z. B.: *I have been waiting*

Present perfect continuous	**Frage**	**Verneinung**
I have been doing …	Have I been …?	I have not been …
You have been …	Have you been …?	You have not been …
He, she, it has been …	Has he, she, it been …?	He, she, it has not been …
We have been …	Have we been …?	We have not been …
You have been …	Have you been …?	You have not been …
They have been …	Have they been …?	They have not been …

Verben, die nicht ins Continuous gesetzt werden können: *want, like, hate, need, prefer, depend, understand, believe, know, remember, forget.*

Schau dir die folgenden Beispiele an:
How long have you been learning English?
Erklärung: Du lernst immer noch Englisch und du stellst die Frage *how long*?
I have been studying all day.
Erklärung: Du hast am Morgen angefangen zu lernen und bist immer noch dabei oder hast gerade erst aufgehört.

25. Setze die folgenden Verben im Present perfect continuous in die Lücken ein. Manche Verben kannst du mehrmals verwenden.

How long have your parents been living in this house?

1. They ______________________________ here all their lives.
2. The concert ______________________________ for 3 hours already. It is a great show.
3. My little sister ______________________________ all night long and she still looks tired.
4. My English teacher ______________________________ in our school since I started going to school.
5. Mr Smith ______________________________ for a job for quite a while now. It must be getting frustrating.
6. Lisa and Tom ______________________________ for the bus for half an hour.
7. I think you ______________________________ in the sun too long. Your face is sunburnt.
8. It ______________________________ all day. Maybe we can go skiing tomorrow.
9. Mum: Lisa would you please get off the phone? You ______________________________ with Tom for an hour.
10. How long ____________________ your dad ____________________ as a doctor?

For/since

Wie du schon gemerkt hast, braucht man für das **Present perfect continuous** oft das Wort *seit*, weil es häufig die Antwort auf die Frage: Wie lange?/*How long?* ist. Im Englischen gibt es aber für das Wort seit **zwei Übersetzungsmöglichkeiten**, nämlich *since* und *for*. Da solche Unterschiede eine große Fehlerquelle beim Sprechen und beim Übersetzen von einer Sprache in eine andere sind, soll es an dieser Stelle extra behandelt werden.

Sowohl *since* als auch *for* werden verwendet, um zu sagen, wie lange ein Vorgang andauert.

For steht für Zeiträume und *since* steht für Zeitpunkte bzw. den Anfangspunkt eines Zeitraumes.

Beispiele:

Since	**For**
last Christmas	2 months
Friday	4 days
4 o'clock	7 hours
November	2 weeks
I was a child	25 years
my mother came home	a long time
1995	ages
Tom has not seen Lisa since last Friday.	Tom has not seen Lisa for four days.
I have not ridden a horse since I was a child.	I have not ridden a horse for 2 years.

Tipp

Bei Zeitangaben mit *all* lässt man *for* weg, z. B.: *I have been living here all my life.*

26. *Since* oder *for*? Ordne die Äpfel (Zeitangaben) den richtigen Obstkörben zu!

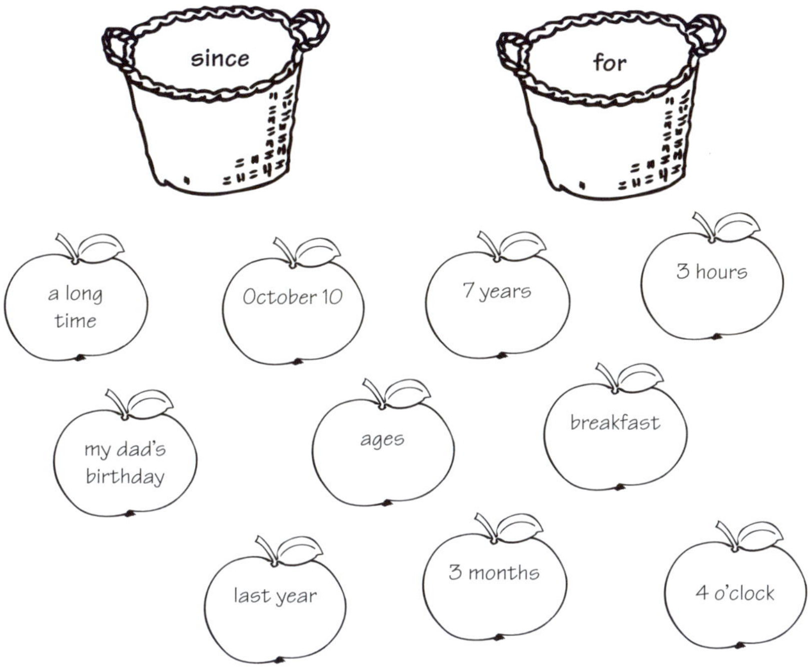

27. *Since* oder *for* – oder muss die Lücke frei bleiben? Kreuze an!

1. My brother has been learning English _______ 5 years.
   for ○ since ○ frei ○

2. I have been living here_________ all my life.
   for ○ since ○ frei ○

3. __________________ Valentine's day Mrs King has been on a diet.
   for ○ since ○ frei ○

4. It has been raining ___________ 3 hours.
   for ○ since ○ frei ○

5. It has been raining ____________ this morning.
   for ○ since ○ frei ○

For/since im Gegensatz zu _ago_

Jetzt kennst du den Unterschied zwischen *for* und *since*. Aber: *for* ist ein „false friend“, weil es sich so anhört, wie das deutsche „vor“. *Vor* heißt im Englischen *ago*. *Since* und *for* stehen im Present perfect, *ago* benutzt man mit dem Past tense.

Beispiele für *ago* mit *Past tense*:

When did your mother meet your father?
She met him 25 years ago.

When did you see the movie „Star Wars“?
I saw the movie on Tuesday.
I saw the movie 2 days ago.

When did your British friend come to Germany?
He came to Germany 5 years ago.

Beispiele für *since/for* mit *Present perfect*:

How long have you been living in Germany?
I have been living in Germany for 11 years.
I have been living in Germany all my life.

How long has the soccer game been going on?
It has been going on for 60 minutes.

How long has your dad been working in his company?
He has been working there since 1985.

How long has Michael Jackson been a pop singer?
He has been a pop singer since he was a child.

28. Jetzt kannst du noch einmal übersetzen. Achte darauf, ob es **Past tense**, **Present Perfect simple** oder **Present perfect continuous** ist, und ob du *since*, *for* oder *ago* benutzen musst.

1. Ich habe seit 2 Wochen keine Bonbons mehr gegessen.

___

2. Lisa war vor zwei Wochen krank.

___

3. Meine Eltern kennen sich seit 15 Jahren.

___

4. Meine Mutter ist seit einer Stunde beim Einkaufen.

___

5. Wir warten schon lange auf den Sommer.

___

6. Frau Schmidt unterrichtet seit 12 Jahren Englisch.

___

7. Peter hatte vor 2 Wochen einen Autounfall.

___

8. Annette hat vor zwei Jahren angefangen, Englisch zu lernen.

___

9. Wir kennen uns schon seit 8 Jahren.

___

Past tense, Present perfect simple und Present perfect continuous

Bei diesen drei Zeiten ist eine Übersetzung vom Englischen ins Deutsche besonders schwierig. Erstens, weil im Deutschen nicht zwischen *simple* und *continuous* unterschieden wird und zweitens, weil im Deutschen die Idee von *Present perfect* nicht existiert.

Hier noch einmal die wichtigsten Regeln für die **drei Zeiten** im Überblick.

Simple past	**Present perfect simple**	**Present perfect cont.**
abgeschlossene Handlungen: *My father went in France in 1950.*	abgeschlossene Handlungen mit Auswirkungen auf die Gegenwart: *Dad fell off a tree. He has broken his leg.*	andauernde Handlungen: *It has been raining the whole day.*
abgeschlossene Zeitangaben: *4 years ago, last Friday, 5 months ago.*	abgeschlossene Handlungen ohne Zeitangabe: *I have been to America.*	*for* = Zeiträume: *For four years, for 2 hours, for a long time etc.*
indirekte Zeitangaben: *When I was a child*	andauernder Zeitraum: *I have never eaten caviar in my life.*	*since* = Zeitpunkt: *Since 1982, since Christmas, since July 4, since I was a child*
Frage: *When?*	Frage: *How often? Have you ever?*	Frage: *How long?*

29. Setze die Verben in dem Gespräch zwischen Lisa und Tom in die richtige Zeit. Entscheide dich für **Past tense** (Vergangenheit), **Present perfect simple** und **Present perfect continuous**.

Tom: Oh, it is so boring. It has been raining (rain) for hours.

1. Lisa: Yes, and I ____________________ (watch TV) all afternoon.
2. Tom: Last weekend, it ____________________ (be) much better. We ________________ (have) far more fun.
3. Lisa: So tell me, what ______________________________ (go on) in your life lately?
4. Tom: Nothing much. Except that I ________ (get) a letter from my pen friend yesterday.
5. Lisa: Oh, really? How long ___________________ (you/know) her?
6. Tom: We ___________________ (write) to each other for half a year now. I ________________ (receive) over 12 letters from her already.
7. Lisa: That is very nice. When _________ you first ____________ (meet) her?
8. Tom: I ________________ (meet) her in England in August.
9. Lisa: What ______________ (you/do) there?
10. Tom: I ______________ (go) to England to improve my English.
11. Lisa: I see. And ________________ (it/improve)?
12. Tom: Yes, it ____________________.

Die Zukunft

will-future

Für Dinge, die wir später tun, aber erst zum Zeitpunkt des Sprechens planen, benutzt man das ***will*-Futur**. Dafür brauchst du einfach nur ***will* + die Grundform, den Infinitiv**.

will-Future	Frage	Verneinung
I will work.	Will I work?	I will not work.
You will work.	Will you work?	You will not work.
He, she, it will work.	Will he, she, it work?	He, she, it will not work.
We will work.	Will we work?	We will not work.
You will work.	Will you work?	You will not work.
They will work.	Will they work?	They will not work.

Für *will* benutzt man beim Sprechen die Abkürzung *'ll* (z.B. *I'll* oder *you'll*). Die Abkürzung von *will not* ist *won't*. Dies spricht man mit einem langem „o" aus. Das ist sehr wichtig, weil es sich sonst leicht so anhört wie *want*.

Beispiele:

Thank you for letting me borrow the book. *I'll* give it back to you soon.

Do you know Jessica's telephone number? No, but *I'll* look it up at home.

Tipp

Will ist auch ein „false friend", weil *he will* nicht „er will" heißt. Im eigentlichen Sinn heißt es *werden*, aber in der Übersetzung benutzt man meist nur das Präsens, d. h. *will* wird überhaupt nicht übersetzt.

I will open the door.
Ich mache die Tür auf. **NICHT** Ich werde die Tür aufmachen.
I'll have a coke.
Ich nehme eine Cola. **NICHT** Ich werde eine Cola nehmen.

30\. In den folgenden Sätzen haben die Leute unterschiedliche Probleme. Biete ihnen deine Hilfe an! Benutze die Wörter auf dem Schild.

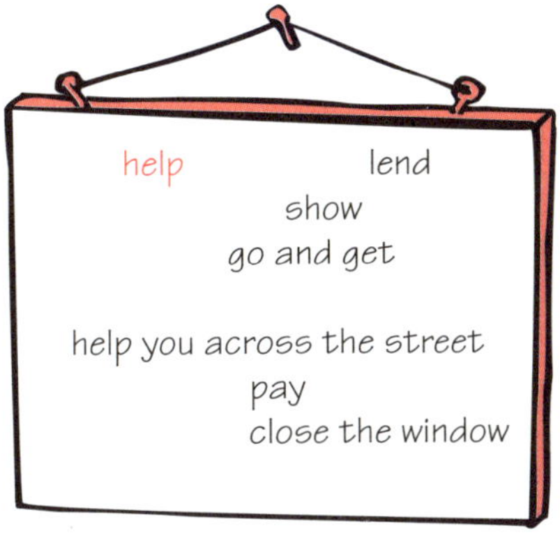

Your mother has a lot of housework to do. You offer:

<u>Mum, I'll help you.</u>

1. Lisa, how do you use this computer?
   Just a second. ______________________________

2. Oh no, I have forgotten my money.
   Don't worry. ______________________________ some.

3. I was going to bake a cake, but I don't think we have any butter.
   Oh, ______________________________

4. An old lady has problems crossing the street.
   ____

5. You paid the bill last time.
   This time ______________________________

6. I am cold.
   No problem. ______________________________

Man benutzt das will-Futur auch bei zukünftigen Überlegungen, z. B.: *I think I'll go to bed* oder *I don't think I'll eat this.*

31. Weißt du schon, was du heute Nachmittag tun möchtest?

ins Kino gehen   schwimmen   Hausaufgaben machen
schlafen   meine Freunde anrufen

I think I'll go shopping.

1. I think I'll ______________________________
2. I think ______________________________
3. I don't think ______________________________
4. I don't think ______________________________
5. I don't think ______________________________

Das **will-Futur** benutzt man auch, wenn man ausdrücken möchte, was man in der Zukunft erwartet, also bei **Zukunftsprognosen**.

"Tom, I am studying so hard for this test. *Do you think I will pass?*"

"Yes, of course Lisa. *I think the test will be easy.*"

Neben *I think* und *I don't think* gibt es noch andere Ausdrücke, die oft mit *will* stehen:

I think	*I think you will pass the exam.*
I don't think	*I don't think it will rain tomorrow.*
Probably	*I will probably go to the cinema tomorrow.*
I am sure	*I am sure you will have a good time at the swimming pool.*
I expect	*I expect it will be nice and sunny tomorrow.*
I wonder	*I wonder what will happen next in the movie.*
I assume	*I assume you will get a nice birthday present.*

32. Versuche diese Wörter mit *will* zu benutzen:

I <u>expect it will rain</u> this afternoon

1. I ________________ I __________ have more time tomorrow.
2. I_________________ your mum ___________ help you.
3. I ________________ this jacket ____________ look nice on you.
4. I __________________ dad _____________ come home soon.
5. I __________________ give you a call later on.

33. In the restaurant:

And you Lisa:

I will have____ (Greek salad)

Waiter: And what would you like to drink?

Tom:____ (orange juice)

Lisa:____ (coke)

34. Benutze *won't* als Kurzform für *will not.*

You don't need to bring a jacket. It ______________________ (be) cold this afternoon.
Dad ________________________________(come) home before 7 o'clock today.
I only have $10 dollars left. Oh, that __________________________ (be) enough, but don't worry, I'll lend you some money.
If you have any questions, you better ask now because I __________
_____________(have) the time to help you later.

going-to-Futur

My parents are **going to buy** a new car.
Oh really, what kind of car are they **going to get**?
A red sports car.

Auch in dieser Unterhaltung geht es darum, was in der Zukunft passieren wird. Doch Toms Eltern haben den Entschluss, ein Auto zu kaufen, weit vor dem Zeitpunkt des Gespräches gefällt.

Für **Entscheidungen, die die Zukunft betreffen** und die **vor dem Zeitpunkt des Sprechens getroffen werden**, benutzt man das *going-to*-Futur. *I am going to* kann man oft mit *ich habe die Absicht* übersetzen. Das ***going-to*-Futur** wird gebildet mit ***going to* + dem Infinitiv**:

going-to-Futur	**Frage**	**Verneinung**
I am going to …	Am I going to …?	I am not going to …
You are going to …	Are you going to …?	You are not going to …
He, she, it is going to …	Is he, she, it going to …?	He, she, it is not going to …
We are going to …	Are we going to …?	We are not going to …
You are going to …	Are you going to …?	You are not going to …
They are going to …	Are they going to …?	They are not going to …

Heißt das Verb *go*, dann heißt das *going-to*-Futur: He is going to go.

Beispiele:
I have bought a new dress. It is very nice. Are you *going to wear* it at your cousin's wedding?
I am *going to make* some coffee. Do you want some, too?

35. Lisa fragt Tom, welche Pläne er für das Wochenende hat. Setze die Verben im going-to-Futur ein.

Lisa: Tom, what are you going to do at the weekend?
Tom: I am ______________________ (help) my mother in the garden and then we ______________________ (go) shopping together. Then my father ______________________ (barbecue) with us.

36. Tom und Lisa lernen zusammen für den nächsten Englischtest. Sie haben sich viel vorgenommen. Lies ihre Notizen und schreibe auf die unteren Zeilen, was sie tun werden.

- Read up to page 45
- do a dictation
- learn the irregular verbs
- speak a lot
- practice the *going-to-Futur*
- start a new chapter
- finish chapter 7

We are going to read up to page 45.

1. ______________________________
2. ______________________________
3. ______________________________
4. ______________________________
5. ______________________________
6. ______________________________

Das ***going-to*-Futur** benutzt man auch, um **vorauszusagen, was in der Zukunft passieren** wird. Um *going to* zu benutzen, muss es für diese Vorhersage immer **Anzeichen in der Gegenwart** geben.

*It takes ten minutes to go to work. It's 7.55 and I have to start at 8 o'clock. I am **going to** be late for work.*
Erklärung: Weil es schon fünf vor acht ist und man den Weg nicht in fünf Minuten schaffen kann, komme ich zu spät.

37. Was wird passieren?

There are some black clouds. It is going to rain (rain).

1. Tom is eating a lot of pizza. He ____________________ (gain weight)
2. Lisa has been lying in the sun for hours. She ________ (get sunburnt)
3. There is a lot of traffic and Mr. Smith is driving too fast. An accident ____________________________________ (happen).

Present continuous als Futur

Das **Present continuous** wird benutzt, um über die **nahe Zukunft** zu sprechen. Dabei werden die Formen des **Present continuous** verwendet (*I am going, you are going usw.*), **aber die Bedeutung ist Futur**. Signalwörter sind z. B. *next week* oder *tomorrow*.

Beispiel	**Übersetzung**	**Erklärung**
I am playing tennis on Monday.	**Ich spiele** am Montag Tennis.	Es passiert in der *nahen Zukunft*, der Tennisplatz wurde schon gemietet.
I am going to play tennis on Monday.	**Ich habe die Absicht**, am Montag Tennis. **zu spielen**.	Die *Absicht* ist da, aber der Tennisplatz wurde evtl. noch nicht gemietet.

Der Unterschied zwischen *I am going to go* (**going-to-future**) und *I am going* (**present continuous** mit der Bedeutung von Futur) ist aber nicht immer sehr groß. Oft kann man sie austauschen.

38. Schreibe auf, welche Termine um welche Uhrzeit bei Lisas Mutter in der nächsten Woche anstehen: Benutze *Present continuous* als Futur und verwende die Verben in Klammern.

Lisa's mother is seeing Anne (see) on Monday at 5pm.

1. She ____ (go)
2. She ____ (have)
3. She ____ (go)
4. She ____ (go)
5. She ____ (pick up)
6. The whole family ___________________________________ (have)

39. Stelle Fragen über Lisas bevorstehenden Urlaub und lasse Lisa antworten.

1. Tom: Where <u>are you going?</u>

   Lisa: I ____________________________ (go) to Austria.

2. Tom: ________________________________ (you/go) alone or with your parents?

   Lisa: I _______________________________ (go) with my parents.

3. Tom: How long ___________________________ (you/stay)?

   Lisa: We ___________________________ (stay) for two weeks

   because we ___________________________________ (go skiing).

4. Tom: _________________________________ (you/stay) in a hotel?

   Lisa: No, we __________________________ (stay) with my uncle.

Will-Futur, Going-to-Futur und Present continuous als Futur

Hier hast du noch einmal die drei verschiedenen Arten von Futur, die du kennen gelernt hast, im Überblick.

***will*-Futur**	***going-to*-Futur**	**Present continuous als Futur**
1. Für Entscheidungen über Zukünftiges, die **zum** *Zeitpunkt des Sprechens* gefällt werden. *I'll open the door for you!* 2. **Voraussagen** über das, was **in der Zukunft geschehen wird**. *I think you will pass the exam.*	1. Für Entscheidungen über Zukünftiges, die **vor** *dem Zeitpunkt des Sprechens* gefällt wurden. *We are going to buy a car.* 2. **Voraussagen** über das, was **in der Zukunft geschehen wird mit deutlichen Anzeichen dafür**. *There are black clouds in the sky. It is going to rain soon.*	1. Für Dinge, die in der **nahen Zukunft** geplant und arrangiert sind. *I am playing tennis on Monday.*

Im Deutschen werden die drei Futur-Formen meistens nicht als solche übersetzt:
I'll *open the door for you.* (**Ich mache** dir die Tür auf.)
We are going *to buy a car.* (**Wir kaufen** ein Auto/Wir haben die Absicht, ein Auto zu kaufen.)
I am playing *tennis on Monday.* (**Ich spiele** am Montag Tennis.)

Du musst also bei einer Übersetzung daran denken, dass da, wo wir im Deutschen einfach Präsens (Gegenwart) schreiben, im Englischen eine Auswahl zwischen verschiedenen Präsens- und Futur-Formen besteht.

40. Welche der drei Formen ist richtig? Entscheide dich!

We ___are flying___ to Rome next week.

☐ will fly ☐ are going to fly ☒ are flying

1. Do you have any plans for tonight? Yes, I ____________________

☐ will watch TV ☐ am going to watch TV ☐ am watching TV

2. You are going on vacation? I am sure you ____________ a good time!

☐ will have ☐ are going to have ☐ are having

3. On Monday I _______________ tennis at 5 o'clock.

☐ will play ☐ am going to play ☐ am playing

4. At the moment I don't have much money. I have thought about it for a long time and I have come to the conclusion that I __________________________ my grandmother for some money.

☐ will ask ☐ am going to ask ☐ am asking

41. Übersetze folgende Sätze:

1. Wir schreiben nächste Woche einen Test in Mathematik.

____

2. Ich glaube nicht, dass der Test sehr schwer ist.

____

3. Mein Vater hat vor, nächstes Jahr seine Firma zu verlassen.

____

If-Sätze

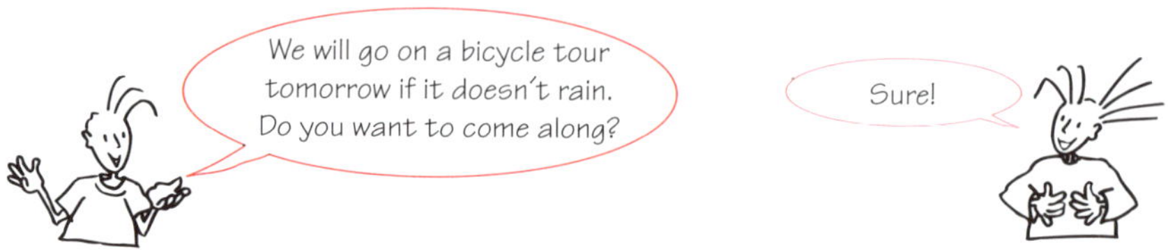

Diese Art von if-Satz drückt eine **Bedingung** aus. *If* wird hier mit *wenn* oder *falls* übersetzt.

Somit gilt folgende Regel:

Ein *if-clause* leitet in der Regel einen Nebensatz ein. Steht im **Hauptsatz will + Infinitiv**, so steht im **if-clause simple present**.

I **will go** home **if** Peter **doesn't come**.
will + Infinitiv — simple present

Tipp

Ausnahme: Nur bei den Verben *can, could, should, would, must* steht kein *will*.

Ein Satz kann auch mit *if* beginnen. Wichtig ist nur, dass in diesem Fall zwischen dem If-Satz und dem Hauptsatz ein Komma stehen muss!

If there is any more frost**,** the roses will be ruined.
The roses will be ruined if there is any more frost.

Beachte, dass zwischen einem Nebensatz, der mit *woher* eingeleitet wird, und einem Hauptsatz ebenfalls ein Komma stehen muss!

When I **come** home, I **will give** you a call.
simple present — will + Infinitiv

When drückt keine Bedingung aus, sondern einen Zeitpunkt. Es kann deshalb nur mit *wenn* übersetzt werden, *if* dagegen mit *wenn* oder *falls*. Solltest du dir nicht sicher sein, ob es *when* oder *if* heißen muss, mache die Probe, ob man auf Deutsch *falls* sagen könnte.

When I come home, I will give you a call. (→ wenn)
If I come home early, I will give you a call. (→ wenn, falls)

42. Setze die Verben in den richtigen Zeiten ein.

I have such a bad cold. If it ___doesn't get___ (not/get) better, I ___will go and see___ (go and see) a doctor.

1. Tom, I don't feel very good today. If I ____________ (not/come) to school tomorrow, ____________ you ____________ (let) me know what we did in class?

2. We ____________ (go) on vacation next year if we ____________ (have) enough money.

3. If you____________ (write) a letter to Peter, ____________ you ____________ (say) hello from me?

4. I can't decide whether to go shopping or not. Well, if you ____________ (go), ____________ (could) you bring me something?

43. *When* oder *if*?

1. I'm at the airport now: I will call you ____________ I am in New York.

2. ____________ you study, you will pass the exam.

3. We will pick the apples ____________ it stops raining. ____________ not, we will do it next week.

4. ____________ my father comes in, I will tell him that you called.

5. ____________we don't hurry, we will be late!

6. What does your little sister want to do ____________ she is 18 years old?

If-Sätze mit Konjunktiv

would/could + Infinitiv

Den Konjunktiv verwendet man bei Wünschen oder Gedanken, die zum Zeitpunkt der Äußerung nicht Wirklichkeit sind: was wäre wenn …?

*If I **were** an adult, I **would buy** a big car.*
Wenn ich erwachsen wäre, würde ich ein großes Auto kaufen.

*If I **had** a lot of money, I **would travel** around the world.*
Wenn ich viel Geld hätte, würde ich eine Weltreise machen.

Für solche Ausnahmen gilt die folgende Regel:

Steht im **if-clause** das **Past tense,** also die **einfache Vergangenheit**, so muss im **Hauptsatz would (could) + Infinitiv** stehen.

If I **could** go to England, my English **would improve**.
past tense — *would* + Infinitiv

If I **didn't have** to study, I **could go** outside and play soccer.
past tense — *could* + Infinitiv

Für das Verb *be* gelten im *Konjunktiv* normalerweise diese Formen:

Singular	**Plural**
I were you were he, she, it were	we were you were they were

If I **were** rich, I would buy many presents for my friends.

Besonders in der Umgangssprache ist der gewohnte Gebrauch der Vergangenheit von *be* üblich (*I was, you were, he/she/it was, we were, you were, they were*). Für die Schule, d. h. in Tests und Übersetzungen, solltest du aber besser die oben angegebenen Formen verwenden.

44. Vervollständige die Sätze!

If there _were_ (be) no school on earth, I _would be_ (be) very happy.

1. If it ______________ (not/rain), we ______________ (go) to the zoo.

2. If there ______________ (not/be) any cars in the streets, we ______________ (have) more space to play.

3. He ______________ (not/believe) us if we ______________ (tell) him the truth.

4. I ______________ (write) to my uncle, if I ______________ (have) his address.

5. We ______________ (see) each other more often if we ______________ (have) more time.

Oft benutzt man den Konjunktiv auch mit *I wish*. Dann fällt der If-Teil einfach weg. *I wish I had more time.* (Ich wünschte, ich hätte mehr Zeit.)

45. Schreibe Sätze mit *I wish*!

It always rains and I can never go outside and play.
I wish it didn't rain.

1. I don't know the answers for the math test.

   I wish I ______________

2. I have to go to school tomorrow.

   I wish ______________

3. I don't know so many people.

   I wish ______________

4. I can never sleep long.

   I wish ______________

would/could + Partizip

Lisa: "**If** I **had studied** more for that test, I **would have had** a better grade."

Lisa denkt über etwas nach, was schon vergangen ist: Wenn sie sich in der Vergangenheit besser auf den Test vorbereitet *hätte*, *hätte* sie jetzt eine bessere Note.

Beispiele:
If I ***had had*** *more time, I* ***would have visited*** *you more often.*
Wenn ich mehr Zeit gehabt hätte, hätte ich dich öfter besucht.

If we ***had worn*** *warm pullovers, we* ***wouldn't have got*** *a cold.*
Wenn wir wärmere Pullover angehabt hätten, hätten wir uns nicht erkältet.

Für Annahmen über die Vergangenheit benutzen wir im if-clause *had* + Partizip **(3. Spalte der unregelmäßigen Verben)**.
Im Hauptsatz steht *would (could) have* + Partizip **(3. Spalte der unregelmäßigen Verben)**.

If they **had spoken** more clearly, we **would have understood** more.
had + Partizip *would have* + Partizip

If I **had been** faster, I **would have caught** the bus.
had + Partizip *would have* + Partizip

If Lea **had known** that you called, she **would have called** you back.
had + Partizip *would have* + Partizip

Auch wenn man über die Vergangenheit nachdenkt, kann man *I wish* benutzen!

I wish I ***had worn*** *a nicer dress.*
Ich wünschte, ich hätte ein schöneres Kleid angehabt.

I wish Tom ***had*** *already* ***called*** *me.*
Ich wünschte, Tom hätte mich schon angerufen.

46. Setze die Verben in der richtigen Form ein.

If I <u>had seen</u> (see) that you had bags in your hand, I <u>would have opened</u> (open) the door for you.

1. Tom ______________________ (play tennis), if he ______________________ (not/be tired).
2. We ______________________ (go) to the cinema yesterday, if we ______________________ (had) enough money.
3. If the weather ______________________ (be) nicer yesterday, the birthday party ______________________ (be) more fun.
4. If I ______________________ (know) how to ski, I ______________________ (gone) skiing with Tom.
5. We ______________________ (go) on vacation, if my mother ______________________ (not become) sick.

47. Bilde Sätze mit *I wish*.

I was sick over the weekend. I wish I hadn't been sick.

1. I ate so much. I wish I ______________________
2. I was not nice to Lisa. I wish I ______________________
3. I was not old enough to get into this disco.
   I wish ______________________
4. My parents were so strict yesterday.
   I wish ______________________
5. I didn't help Jim. I wish ______________________

Lösungen

1. 1. to help his brother tomorrow morning 2. to go to Canada 3. to close the window 4. to go to the swimming pool after school the next day 5. to be very exhausted

2. 1. decided to take 2. offered to repair 3. have to eat 4. seems to be

3. 1. he runs 2. he finishes 3. he reads 4. he lives 5. he goes 6. he speaks 7. he washes 8. he cooks

4. 1. a, 2. b, 3. c

5. Lisa wakes up at 7 o'clock. Then she has breakfast. She always eats Cornflakes and she usually drinks milk. At 9 o'clock she goes to school. She stays there until 1 o'clock. After school she does her homework. Then she sometimes goes to Tom's house and they play a little bit. After dinner she has to go to bed.

6. Mögliche Lösungen: I get up at 7.15 every morning. Then I take a shower. I never have breakfast. Normally I take the school bus at 7.45. Sometimes my father drives me to school. Often I stay in school until 2 o'clock in the afternoon. Afterwards I play in the garden. Later I have to do my homework. After dinner I usually go to bed.

7. 1. Do you sometimes play volleyball? 2. Does your father have a car? 3. Does your mother work? 4. Can Peter speak Spanish? 5. How often do you see your friends? 6. Do you have a bicycle? 7. When do you normally go to bed? 8. What time does school start?

8. 1.Swiss Air flies to Tel Aviv. 2. The flight to San Francisco is at 11.23 am. 3. LTU flies to Hong Kong. 4. The plane lands at 6.30 pm. 5. The plane arrives at 8. 30 am. 6. The airline is Lufthansa.

9. I am running. Am I running? We are running. Are we running? You are on holiday. Are you on holiday? The sun is shining. Is the sun shining? They are on holiday. Are they on holiday? They are watching TV. Are they watching TV? Mum is preparing dinner. Is Mum preparing dinner? We are going on holiday. Are we going on holiday? They are talking. Are they talking? I am dreaming. Am I dreaming?

10. Lisa is reading a book. Tom is writing letters. Lisa is sleeping. Tom is taking a bath. Lisa is brushing her teeth. Tom and Lisa are quarrelling.

11. are, They, watching, is sitting, She is eating, are playing, is passing, are talking, is going, says, are, are … staying

12. 1.The man over there is smoking. 2. Dad is taking a shower at the moment. 3. We are having dinner. 4. What are you doing at the moment?

13. 1. Do you speak English? 2. Do you know which language the people are speaking over there? 3. Anne is talking on the phone (at the moment). 4. Vegetarians don't eat meat. 5. I am not eating any fruit today. 6. Peter doesn't like potatoes. 7. I take a shower every morning.

14. 1. do you study 2. I am studying 3. I am going 4. I want to go 5. people usually drive 6. We are having 7. we have

15. Vergleiche in der Liste

16. Vergleiche in der Liste

17. 1. Yesterday I went to school. 2. We played tennis. 3. Lisa called me yesterday. 4. What did you eat this morning? 5. I wasn't at home at the weekend.

18. 1. Lisa played chess yesterday. 2. She ate ice-cream yesterday. 3. She drank a coke yesterday. 4. She watched TV yesterday.

19. 1. Lisa didn't write yesterday. 2. She didn't sleep yesterday. 3. She didn't play with her dog yesterday. 4. She didn't call Tom yesterday.

20. zum Beispiel: 1. I did my homework yesterday. 2. I swam yesterday. 3. I read a very good book yesterday. 4. I didn't play outside yesterday. 5. I called my best friend yesterday.

21. 1. Have you ever gone skiing? No, I haven't./Yes, I have./No, I have never been skiing. 2. Has Tom ever seen the Queen of England? No, he hasn't. 3. Have you ever read a book in English? Yes, I have./No, I haven't./ No, I have never read a book in English. 4. Have you ever

been to Russia? Yes, I have./No, I haven't. 5. Has Lisa ever helped an old lady? Yes, she has./No, she hasn't. 6. Has Tom ever had $ 100?/ Yes, he has./No, he has never had $ 100. 7. Have you ever not done your homework properly? Yes, I have./No, I haven't. 8. Have you ever been to the beach in fall? Yes, I have./No, I haven't. 9. Have you ever swum in the ocean? Yes, I have./No, I haven't./No, I have never swum in the ocean.

22. 1. has broken 2. have just had 3. Have you already posted 4. I haven't done 5. have been 6. haven't talked

23. 1. has been 2. Have you ever seen; have never seen 3. did you do; came; watched; talked; went 4. hasn't prepared

24. 1. I didn't go to Peter's party last night. 2. I haven't been to many parties this year. 3. Jim has often been to England.

25. 1. have been living 2. has been going on 3. has been sleeping 4. has been 5. has been looking 6. have been waiting 7. have been sitting 8. has been snowing 9. have been talking 10. has, been working

26. **Since:** October 10, my dad's birthday, breakfast, last year, 4 o'clock **For:** a long time, 7 years, ages, 3 hours, 3 months

27. 1. for 2. frei 3. Since 4. for 5. since

28. 1. I haven't eaten any sweets for two weeks. 2. Lisa was ill two weeks ago. 3. My parents have known each other for 15 years. 4. My mother has been shopping for an hour. 5. We have been waiting for the summer for a long time. 6. Mrs Smith has been teaching English for 12 years. 7. Peter was in a car accident two weeks ago. 8. Annette started studying English two years ago. 9. We have known each other for 8 years.

29. 1. have been watching TV 2. was; had 3. has been going on 4. got 5. have you known 6. have been writing, have received 7. did you first meet 8. met 9. did you do 10. went 11. has it improved 12. it has

30. 1. I'll show you. 2. I'll lend you some. 3. I'll go and get some. 4. I'll help you across the street. 5. I'll pay the bill. 6. I'll close the window.

31. 1. I'll go to the cinema. 2. I'll go swimming. 3. I'll do my homework. 4. I'll sleep. 5. I'll call my friends.

32. 1. I think/I will 2. I am sure … will 3. believe … will 4. assume … will 5. will probably

33. Lisa: I will have a Greek salad. Tom: I'll have a glass of orange juice, please. Lisa: I'll have a coke, please.

34. won't be, won't come, won't be, won't have

35. going to help, are going to go, is going to barbecue

36. 1.We are going to do a dictation. 2. We are going to finish chapter 7. 3. We are going to learn the irregular verbs. 4.We are going to practice the „going-to-Futur". 5. We are going to start a new chapter. 6. We are going to speak a lot.

37. 1. is going to gain weight 2. is going to get sunburnt 3. is going to happen

38. 1. She is going to the dentist on Tuesday at 3 pm. 2. She is having an aerobics class on Wednesday at 7 pm. 3. She is going shopping on Friday. 4. She is going to pick Dave up from the airport on Saturday. 5. The whole family is having a picnic on Sunday.

39. 1. am going 2. Are you going; am going 3. are you staying; are staying; are going 4. are you staying; are staying

40. 1. am going to watch TV 2. will have 3. am playing 4. am going to ask

41. 1. We are having a math test next week. 2. I don't think the test will be very difficult. 3. My father is going to leave his company next year.

42. 1. don't come/will/let 2. will go/have 3. write/will/say 4. go/could

43. 1. when 2. If 3. if/If 4. When 5. If 6. when

44. 1. wasn't/weren't raining/would go 2. weren't/would have 3. wouldn't believe/told 4. would write/had 5. would see/had

45. 1. I knew the answers for the math test. 2. I didn't have to go to school tomorrow. 3. I knew more people. 4. I could sleep longer.

46. 1. would have played tennis/hadn't been tired 2. would have gone/had had 3. had been nicer/would have been 4. had known/would have gone 5. would have gone/hadn't gotten

47. 1. I hadn't eaten that much. 2. had been nice to Lisa. 3. I had been old enough to get into the disco. 4. my parents hadn't been that strict yesterday. 5. I had helped him.

Englisch

Diktat 5./6. Klasse

Barbara Gehlhaar

Wichtige Lautunterscheidungen

Vokale und Diphthonge (= Doppelvokale)

i/y

Die markierten Wörter haben alle einen langen Laut gemeinsam: [aɪ], das entspricht dem deutschen *ei*.

Diese markierten Wörter haben alle einen kurzen Laut gemeinsam: [ɪ], das entspricht dem deutschen *i*.

Vokale werden **kurz** ausgesprochen (z.B. *in*), wenn **ein Konsonant folgt**. Vokale werden **lang** ausgesprochen, wenn sie **alleine stehen** (z. B. *I*) oder wenn ihnen **ein oder mehrere Konsonanten** mit einem **einzelnen** *e* **folgen** (z. B. *bike, nice*).

Tipp

Wenn du die Zeichen der Lautschrift, aus denen du ablesen kannst, wie man ein Wort ausspricht, noch nicht so gut kennst, findest du im 2. Kapitel eine Übersicht dazu.

. Ordne die folgenden Wörter dem richtigen Laut zu. Achte dabei genau auf die Aussprache, d. h. ob das *i* kurz oder lang ausgesprochen werden muss!

sit, five, six, hide, children, I, swim, big, fine, is, kite*, sister, family, right, bike, like:

[ɪ]: ______________________________

____

[aɪ]: ______________________________

____

*Drachen

e

Der Vokal *e* klingt im Englischen wie unser deutsches *i*, wenn er lang ausgesprochen wird, z. B. in *he* [i:].
Bei kurzer Aussprache gleicht er dem deutschen *e*, z. B. in *bed* [e].
e wird verdoppelt (*Lee*) oder in Verbindung mit *a* (*teacher*) immer lang ausgesprochen.

2. In welchen Bienenstock müssen die Bienen fliegen? Ordne den Vokalen [i:] und [e] die richtigen Wörter zu!

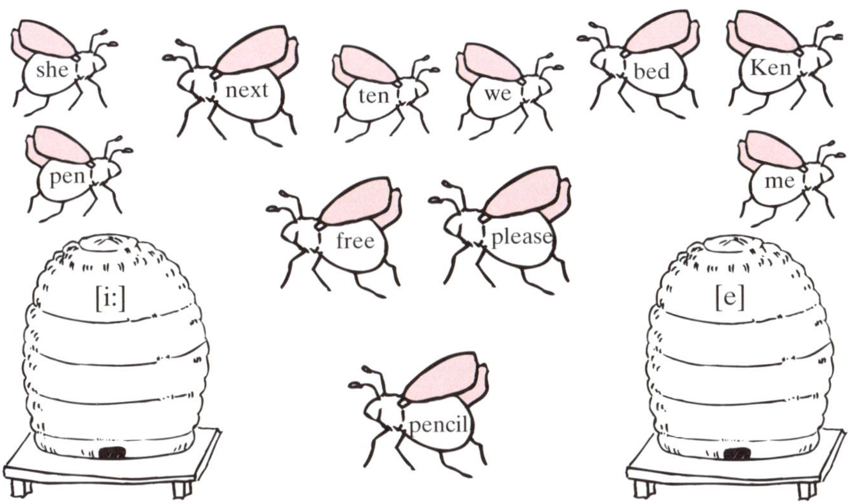

a

Der Vokal *a* bietet folgende Aussprachemöglichkeiten:

Aussprache-zeichen (phonetische Lautschrift)	**deutsche Aus-sprache**	**englische Aus-sprache**
[æ]	**ä**	*cat*
[eɪ]	**ey**	*say*
[a:]	Bahn	*ask*

3. Welche Wörter klingen wie *cat, say* oder *ask*?

Sprich die folgenden Wörter laut und trage die richtigen Aussprachezeichen ein!

☐ day, ☐ father, ☐ bag, ☐ name, ☐ card, ☐ black

4. Lückendiktat

Lass dir diesen Text diktieren und setze die richtigen Vokale *a*, *e* oder *i* ein:

My f...m...ly

My f...m...ly ...s v...ry ...ct...ve:
My moth...r pl...ys g...mes w...th my broth...r B...n. H...'s ... b...by. My f...th...r pl...ys b...sk...tb...ll ...nd comput...r g...m...s. My s...st...r ...nn pl...ys th... guit...r ...nd ... pl...y t...nn...s ...nd c...rds.

Schreibe nun den ganzen Text noch einmal richtig ab:

Konsonanten

t/d

Manche Konsonanten hören sich ähnlich an:

[d] wird langsam und weich ausgesprochen, wie in *and*, *England*.
[t] wird kurz und hart ausgesprochen, wie in *not*, *at*.

5. Überlege dir den fehlenden Laut in dem jeweiligen Wort-Apfel und wirf die Äpfel in die richtige Kiste!

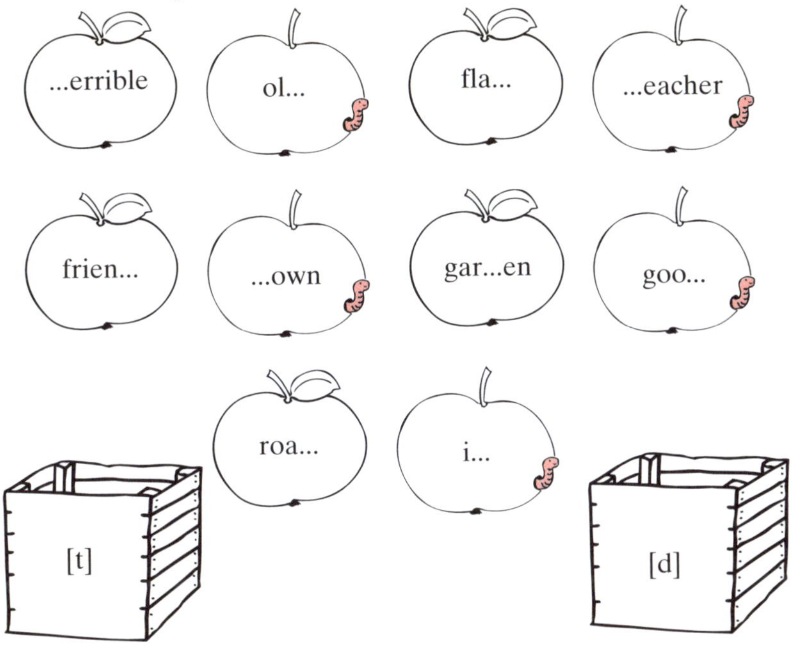

6. Lies den folgenden Text laut! Achte dabei auf die Aussprache der beiden Laute [d] und [t]!

Tom has a pet, it's a very big cat.
In the morning at seven it comes to Tom's bed.
The cat wants some food but he's not in the mood*,
so it jumps on Tom's head and makes him mad!
*Stimmung

th

Die Konsonanten *th* können **stimmhaft** oder **stimmlos** im Englischen auftreten.

Stimmhaft: [ð] z. B.: *this, they, there, father, with*
Stimmlos: [θ] z. B.: *three, thing, thanks, birthday, month*

Das Wort *the* kann auf zwei Arten ausgesprochen werden:
vor einem Konsonanten: [ðə] z. B.: the house
vor einem Vokal: [ði:] z. B.: the old house

7. Übungsdiktat

It's Thursday. This afternoon Tom plays football with his friends. They play football in the park. There are other girls and boys in the park, too. The other children want to watch the match.
They're sitting in the trees and on the grass. There's a boy on his bike, too. And there's a girl with a dog. Tom can hear her: "Come on, Flippy. That's boring." But when the match starts, Tom sees this girl again. She's watching him... .

a) Trage die Wörter mit *th* aus dem oberen Diktat richtig in die Tabelle ein:

stimmhaft	stimmlos

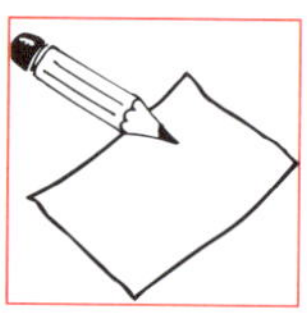

b) Schreibe den Text als Diktat!

a oder *an*?

> Beginnt ein Substantiv mit einem Vokal, so verwendet man *an*, nicht *a* als unbestimmten Artikel, z. B.: a port aber: **an ai**rport

8. Setze jeweils den richtigen Artikel vor das Substantiv:

Speedy is .... animal.

He's .... small mouse.

He's .... clever animal.

Liz is .... nice owner for Speedy.

Lisa and Tom live in .... English town.

Lisa goes to .... new school.

But she has .... old teacher.

9. Übungsdiktat

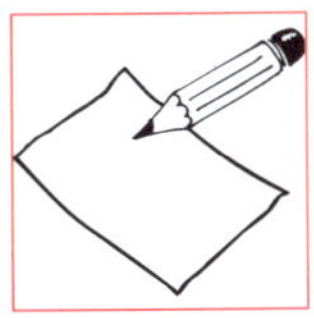

Lisa and Tom are friends. They go to school together. They have the same English teacher.
Lisa: "My English book is not in my school bag, Tom. Have you got it?"
Tom: "Well, let's see: I've got my exercise book, my pencil-case, my homework book and my English book. I'm sorry, it's not in my school bag."
Lisa: "Oh! It's not an old book, it's new! And it's not at home!"
Tom: "Look, Lisa! There's a sentence on the board:

Phonetisches Alphabet

Die folgende Übersicht zeigt dir die unterschiedliche Aussprache von Lauten bei den Vokalen, Diphthongen und Konsonanten.

Der Doppelpunkt [:] bedeutet, dass der vorangegangene Laut **lang ausgesprochen** wird.

Vokale

Lautschrift	Aussprache
[a:]	class, car, father
[ʌ]	number, bus, mother
[e]	yes, pen, friend
[ə]	another, a book
[ɜ:]	girl, her,word
[æ]	black, cat, that
[i:]	she, sweets, tea
[ɪ]	sit, in, party
[ɒ]	on, dog, watch
[ɔ:]	or, small, four
[ʊ]	foot, put, would
[u:]	two, blue, food, ruler

Diphthonge

Lautschrift	Aussprache
[eɪ]	eight, name, say
[aɪ]	five, my, night
[ɔɪ]	boy, toilet
[ɔʊ]	know, open, road
[aʊ]	house, now
[ɪə]	here, hear, we're
[eə]	chair, wear, where
[ʊə]	you're, poor, tourist

Konsonanten

Lautschrift	Aussprache
[p]	pen, pupil, cup
[b]	bed, bike, table
[t]	ten, bottle, sit
[d]	day, window, record
[f]	friend, life
[v]	very, live, of
[w]	one, we, what, quarter
[s]	sing, December, yes
[z]	days, present, zoo
[l]	like, old, small
[k]	car, look, packet
[g]	dog, finger, go
[θ]	bathroom, think, month
[ð]	the, mother
[ʃ]	she, station, English
[tʃ]	child, teacher, watch
[ʒ]	television, usually
[dʒ]	Germany, jeans, bridge
[n]	no, on
[ŋ]	sing, finger, think
[j]	yes, you, new
[r]	red, children, fire

Besonderheit der Aussprache des *r*

Steht ein *r* am Wortende (dange**r**) oder vor einem *e* (fi**re**), so wird das *r* nur dann ausgesprochen, wenn das folgende Wort mit einem Vokal beginnt:

Beispiele:

- Danger is in the house **aber** danger signal
- fire engine **aber** fire fighter

Groß- und Kleinschreibung

Im Englischen werden fast alle Wörter, **auch Substantive**, klein geschrieben, sofern sie nicht am Satzanfang stehen!

Es gibt jedoch einige Ausnahmen, die du dir merken solltest:

Pronomen

Wie im Deutschen gibt es auch im Englischen unterschiedliche Pronomen: Personalpronomen, Possessivpronomen, Demonstrativpronomen, Interrogativpronomen und Indefinitpronomen.

Im Gegensatz zum Deutschen werden im **Englischen alle Pronomen klein geschrieben**.
Ausnahme: Das **Personalpronomen *I*** wird immer **groß geschrieben**!

10. Setze das richtige Pronomen ein:

Dear Lisa,

Thank ____________ for ____________ letter and the photo.
____________ like ____________ new hair –style. ____________ want to cut ____________ hair, too, but __________ mom doesn't want me to. How's ____________ friend Tom? ____________ think he's really cute! Here's a photo of ____________ mom and ____________. In the back you can see ____________ car and my grandparents' house.
____________ house is very big.

Say "hello" to ____________ family!

Love,

Sarah

Namen

Die Namen von Personen und Firmen werden groß geschrieben.

Lisa's family name is **P**arker.
Mr **P**arker works for **S**cotland **Y**ard.
Mr **W**hite is a very nice teacher at **M**orten **S**chool.

Anreden werden immer groß geschrieben!

Yes, **S**ir Thomas ! (Aber: Yes, sir !)
Dear **A**unt **M**innie

11. Suche die Tippfehler, die Tom beim Abtippen seiner Gesprächsnotizen passiert sind!

Welche Wörter werden groß geschrieben? Schreibe sie richtig in die Tabelle und begründe die Großschreibung!

Teacher: Good morning.
Tom: Good morning, sir.
Teacher: What's your name?
Tom: My name? - morrison.
Teacher: Are you tom morrison?
Tom: Yes… how do you know?
Teacher: Are you missing your wallet*?
Tom: My wallet? i don't know. Yes, it's not here.
Teacher: Is this your wallet, mr morrison?
Tom: Yes, thank you very much!
*Brieftasche

Großschreibung	Begründung

Folgende Regeln zur Groß- und Kleinschreibung solltest du dir merken:

Die Namen von **Schulfächern** werden **groß geschrieben**.

At school you can learn **E**nglish, **G**erman, **H**istory, **M**aths, **B**iology, **M**usic, **A**rt and more.

Die Namen von **Städten, Ländern** und ihren **Bewohnern** werden **groß geschrieben**.

Lisa wants to go to **A**merica and visit the cities of **L**os **A**ngeles and **S**an **F**rancisco. She wants to see **Y**osemite **N**ational **P**ark, too. She thinks that **A**merican people are very friendly.

Die Namen von **Straßen, Plätzen, Gebäuden** und **Gewässern** werden **groß geschrieben**.

Lisa's friend Sarah is from **L**ondon. Her family lives in **B**aker **S**treet. That's not far from **B**ig **B**en and the river **T**hames.

Die Namen von **Wochentagen, Feiertagen** und **Monaten** werden **groß geschrieben**.

Our next English test is on **M**onday. My grandparents want to visit us at **E**aster.
Thanksgiving is in **N**ovember.

12. Übungsdiktat

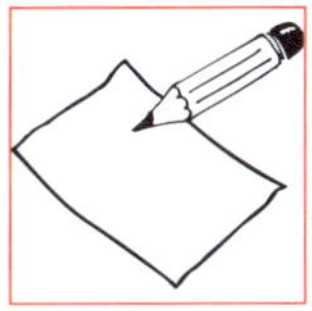

School in Britain

Lisa and Tom live in Brighton. That's a town in the south of England. It's on the coast of the English Channel. Their school starts at 9 o'clock in the morning and ends at 4 o'clock in the afternoon. They learn English and Maths, of course. But they also have lunch at noon. And the children have club activities on one afternoon a week. There is no school on Saturdays. They do much more sport at British schools than at German ones.

a) Ordne alle im Text groß geschriebenen Wörter richtig zu!

Namen von Personen: ______________________________

____

Namen von Städten, Ländern und ihren Bewohnern: __________

____

Namen von Schulfächern: ___________________________

____

Namen von Gewässern: _____________________________

____

Namen von Wochentagen: ___________________________

____

b) Schreibe den Text als Diktat!

13. Übungsdiktat

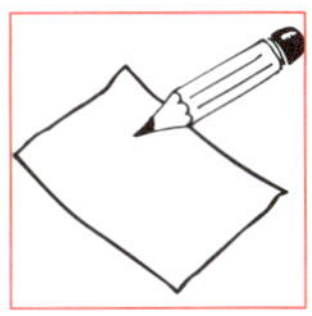

Mr Perron's party

Lisa is asking her mother about the party on Friday : "How many people are coming to the party? Are there any other children?
Do Mr Perron's friends from France speak English? Can I bring Tom to the party? He's very good at French.“ – "We have plenty of* food for dinner, Lisa. Why don't you go over to Mr Perron's house and invite him for dinner? Then you can ask him all your questions!“, Mrs Parker replies.

*plenty of = eine Menge

Überschriften

In **Überschriften** werden auch Substantive, Pronomen, Verben, Adjektive und Adverbien groß geschrieben. Nur Artikel, Präpositionen und Konjunktionen werden klein geschrieben, es sei denn sie bilden das erste oder letzte Wort!

Überschriften z. B.:
Man Arrested in Car
Alligator Found on Sheep Farm
Wedding in the Air

Gleiches gilt für **Eigennamen** und **Buchtitel**!

Eigennamen z. B.:
The New York Times
William the Conquerer

Buchtitel z. B.:
The Adventures of Alice in Wonderland
Charlie and the Chocolate Factory

14. Suche die passende Überschrift zu den folgenden Texten und schreibe sie auf. Achte auf die richtige Groß- und Kleinschreibung!

A JOKE A DAY

MESSAGE IN THE BOTTLE

WHY I WANT TO LIVE ON A SMALL ISLAND IN GREECE

THE NASTY BOYS

a) ______________________________

Some boys offered a piece of cake to an elephant. They pulled it back when the elephant was about to take it.

b) ______________________________

Life on this island means silence and no stress. The people are friendly and relaxed. The sea is not far. You can go swimming there every day.

c) ______________________________

– Doctor, people keep ignoring me.
– Next, please.

d) ______________________________

Hi! My name is Mark. I'm 11 years old and I live in 5 Eaton Road, Dover. Please write back.

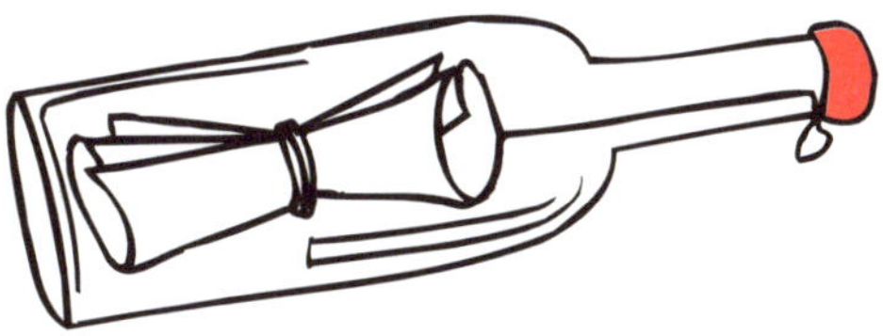

Besonderheiten des s-Lautes

Das -*s* am Wortende von Substantiven

Das -*s* kann am Wortende von Substantiven unterschiedliche Bedeutungen haben. Die folgenden Regeln helfen dir, diese Bedeutungen zu erfassen und das -*s* im Diktat richtig zu schreiben.

Plural

Zählbare Substantive

Um ein Substantiv in den Plural zu setzen, wird ein **–s** an die Singularform gehängt.

Singular	**Plural**
one book	two book**s**
boy	boy**s**
cat	cat**s**
girl	girl**s**
shop	shop**s**
tree	tree**s**

Die Aussprache der s-Laute im Plural unterscheidet sich:

[z] nach stimmhaften Lauten z. B.:
chairs, days, dogs, doors, friends, shoes

[s] nach stimmlosen Lauten [f], [t], [k], [p], [θ] z. B.:
books, cats, dentists, lamps, months, rabbits

Der Plural nach Zischlauten

Endet der Singular auf einen **Zischlaut (-s, -ss, -ch, -x)**, dann steht im Plural nach dem **Zischlaut** ein **-es**.

Singular	**Plural**
one bus	two bus**es**
class	class**es**
church	church**es**
box	box**es**
aber:	
one house	two houses
exercise	exercises

Der Plural nach Konsonant + -y

Endet der Singular auf **-y**, dann lautet der Plural **-ies**.

Singular	**Plural**
one family	two famil**ies**
country	countr**ies**

Der Plural nach -f oder -fe

Die meisten Substantive auf **-f** oder **-fe** bilden den Plural auf **-ves**.

Singular	**Plural**
one shelf	two shel**ves**
wolf	wol**ves**
wife	wi**ves**
knife	kni**ves**
aber:	
one chief	two chiefs
roof	roofs

Merkwörter

Die folgenden Substantive haben **unregelmäßige Pluralformen**. Lerne sie auswendig!

Singular	Plural
one tomato	two tomato**es**
potato	potato**es**
child	**children**
man	**men**
woman	**women**
person	**people**
foot	**feet**
tooth	**teeth**
mouse	**mice**
sheep	**sheep**
fruit	**fruit**

Nichtzählbare Substantive

Nichtzählbare Substantive haben **keine Pluralform**, z. B.: *butter, milk, sugar, furniture, luck, homework*

Substantive ohne Singular

Manche Gegenstände werden nur im Plural gebraucht, es gibt **keinen Singular** für sie.

trousers

pyjamas

shorts

tights

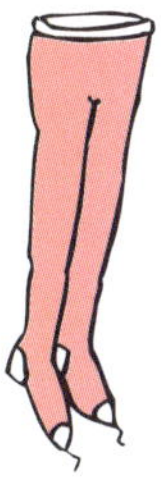

swimming trunks

Außerdem stehen folgende Wörter immer im Plural: glasses, scissors, jeans

Spricht man von mehreren dieser Gegenstände, so gebraucht man den Ausdruck **pair of.**

Beispiel:
the glasses
oder
a pair of glasses

two pair**s** of glasses

15. Sprich die folgenden Wörter laut und entscheide, wie ihr Plural gebildet wird. Ordne sie dann dem richtigen Waggon zu:

match, water, cup, man, news, life, tomato, teacher, thief, box, disc, homework, tooth, wife, class.

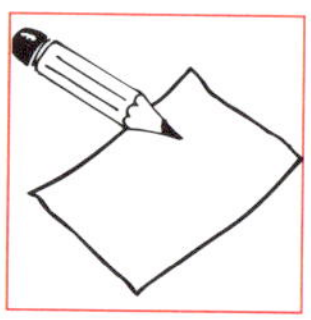

16. Schreibe den folgenden Text ab. Setze dabei jedes eingeklammerte Wort in den Plural!

The market

At the market there are already many (person) at this time of the day. They sell lots of (thing): (vegetable)*, (flower) and (fruit). I can see (banana), (apple), (peach), (tomato) and (potato). (Housewife) and (mother) buy their food early in the morning, working (man) and (woman) shop during their lunchtime. When the market closes, (bus) and (car) can park there.

*vegetable = Gemüse

Der s-Genitiv

Der **s-Genitiv** zeigt an, **zu wem etwas oder jemand gehört**. Der s-Genitiv kann sowohl im **Singular** als auch **Plural** stehen oder in Verbindung mit der **of-Form**.

Genitiv Singular

Wenn von einer **einzelnen Person** gesprochen wird, hängt man **'s** an die Singularform an.

Lisa is Ann**'s** older sister.
Tom**'s** room isn't very big.
Liz likes Lisa**'s** books.

17. Schreibe Sätze über die Familienmitglieder der Familie Black:

The Black Family:

1. John Black is Emily**'s** father.

2. Betty Black is ______________________________ mother.

3. Alan and Jimmy are ______________________________ brothers.

4. Emily is ______________________________ sister.

5. Alan is ______________________________ brother.

   And Jimmy is ______________________________, too.

Genitiv Plural

Wenn von **mehreren Personen** gesprochen wird, hängt man einen Apostroph **’** an die Pluralform an.

The Blacks**’** new flat is very modern.
The brothers**’** hobbies are very different.
The Millers**’** baby has black hair.

Bei den Substantiven mit **unregelmäßiger Pluralform** fügt man **’s** an die Pluralform an.

All the men**’s** hats are black in this film!
The children**’s** toys are on the floor.
The people**’s** ship is over there.

18. Lies dir das Beispiel durch und beantworte die folgenden Fragen entsprechend.

Whose ball is that?
It’s the boys’ ball.

a) Whose house is that?

It’s the ______________________________

Miller

b) Whose car is that?

It’s the ______________________________

Baker

c) Tom: Can I go to this toilet?

No, it’s the ______________________________

Der Genitiv mit *of*

Um auszudrücken, dass **eine Sache zu einer anderen Sache** gehört, verwendet man die **of**-Form.

I like the colour **of** your trousers.
This is the best match **of** the year.
There's a bottle **of** wine on the table.

19. Übersetze richtig:

a) Der Name der Frau

____

Der Name der Straße

____

b) Die Zimmer des Hauses

____

Die Zimmer der Mädchen

____

20. Schreibe diesen Text ab. Füge s, 's oder s' richtig ein!

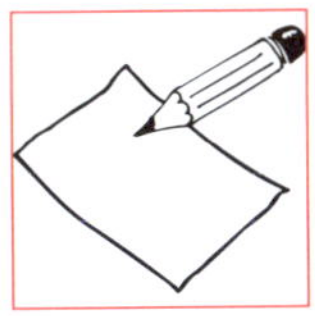

Friends, friend's or friends'?
The Greene _____ flat is not very big, so they can't have big pet _____. They have got a white mouse. The mouse _____ name is Sissy. Sissy _____ favourite meal is tomato _____. Lauren _____ favourite meal is hot dog _____ with chip _____. Ken and Simon are Lauren _________ brother _____. Her brother _____ favourite meal is pizza, and her parent _____ favourite is beef* and carrot _____.
*beef = Rindfleisch

Die s-Endung bei Verben

Die **3. Person Singular** wird im **Simple Present** durch Anfügen von **-s an den Infinitiv** gebildet!

My uncle work**s** in a shop.
He sell**s** books.
He love**s** reading.

Besondere Schreibweisen:

Bei Verben, die mit **Zischlauten** enden, wird **–es** angehängt.

		he/she/it
finish	⟶	finish**es**
mix	⟶	mix**es**
watch	⟶	watch**es**
miss	⟶	miss**es**

Bei Verben mit der **Endung -y** wird -y in **-ie** umgewandelt.

		he/she/it
fly	⟶	fl**ies**
carry	⟶	carr**ies**
try	⟶	tr**ies**

Merkwörter

Folgende s-Endungen bei Verben der 3. Person Singular musst du dir merken:

		he/she/it
do	⟶	do**es**
go	⟶	go**es**

Das *s* bei der Verneinung

In verneinten Sätzen verwendet man in der **3. Person Singular** des Simple Present **doesn't + Infinitiv**.

Lisa **doesn't** live here.
Tim **doesn't** like this book.

Die anderen Personen bildet man mit **don't + Infinitiv**, z. B. *I don't know.*

Das s bei der Fragebildung

Die Frage wird in der **3. Person Singular** des **Simple Present** mit **does + Infinitiv** gebildet.

Where **does** Mrs Greene work?
Does she like her job?

21. Übungsdiktat

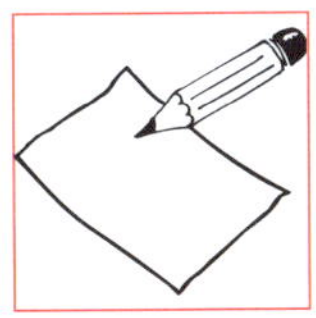

Clothes

Lisa and her friend Sandra love to look at new clothes. When they have enough pocket money, they go shopping together. Today they're at a new shop. There are trousers in different colours, there are tight* shirts, there are long and very short dresses, too. Lisa looks good in a blue and green dress. But she knows that her mom doesn't like her to wear mini-dresses, and this dress is very short! Sandra likes to wear baggy* jeans and tight shirts. And there is a nice combination. But she doesn't have enough money to buy both. After two hours of trying on clothes the girls' money is still in their purses* - they don't know what to buy. When they come home their mothers are happy. They think that it's a good idea to save some money!

*tight = eng   *baggy = ausgebeult, sackartig
*purse = Portemonnaie

22. Übungsdiktat
Schreibe alle Wörter im Plural, Genitiv Singular und Genitiv Plural heraus und lass dir anschließend den Text diktieren!

Sarah's family

Lisa's friend Sarah from London has no brothers or sisters. Her parents work very hard. They own a shop. The Daytons' shop is open till ten in the evenings. Their flat is above the shop. Sarah's room is very nice: There are two shelves for books and CDs and teddy bears. Her bed is next to the wardrobe. And there is a blue sofa. On the table Sarah can play computer games. But sometimes Sarah is sad because her parents have to work so much. She often goes down for a visit. Then she looks at all the nice things in the shop. There is food and there are books and videos. Sarah's favourite video is called "Life on other planets". For Sarah all the videos are for free. So Sarah's friends like to come and watch videos with her.

Wörter, die im Plural stehen: ______________________________

____

____

____

Wörter im Genitiv Singular: ______________________________

____

Wörter im Genitiv Plural: ______________________________

____

23. Übungsdiktat

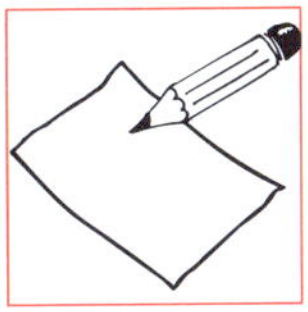

Aunt Jenny's cars

Lisa's aunt Jenny loves cars. Her favourite car is a Chevrolet. That's an American car. It's aunt Jenny's favourite car because it looks very nice and it's fast but safe on the streets. The Chevrolet's big disadvantage* is its price – it's very expensive. So Aunt Jenny has to save a lot of money. Her car at the moment is a small car. The car's colour is green. Aunt Jenny's and her boy-friend Rick's flat is near London. Aunt Jenny's car takes her to work in the city every day. Rick's car is broken. So he goes to work by underground. Aunt Jenny's idea for Rick is to get a sports car. But he doesn't want to buy a new car now. He wants to save some money for the Chevrolet, too!

*disadvantage = Nachteil

24. Übungsdiktat

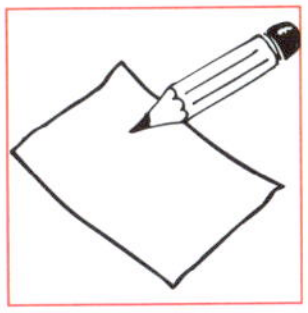

Tom's book

Tom's book is on the table. It's a thick book. There's a picture of an old boat on it. Tom opens it. He wants to read a few minutes before the next lesson starts. Now he's got to shut his book. The teacher's starting his lesson.

After school Lisa wants to know what Tom's book is about.

"It's a very interesting story: There's a boy. When his mother is angry with him one day he runs away. He finds an old boat down by the sea. He hides in the boat. When the night comes his mother and his father are very afraid. The parents' friends can't find the boy. But the boy isn't afraid. He hears a voice* in the boat. The voice tells him to sleep in the boat. If he stays in the boat until it's dark the boy can hear an interesting story about people who live in the water. So the boy waits for the night to come. He wants to listen to the voice's story. - And me, too, Lisa! See you later! Bye!"

*voice = Stimme

Kurzformen

Beim Sprechen werden häufig gebrauchte Verben verkürzt und mit dem vorhergehenden Wort verbunden. Beim Schreiben steht ein Apostroph ' anstelle der fehlenden Buchstaben.

Mit Langformen heißt Lisa's Satz:
“He is eleven and I am ten.“

Das Verb to be

Bei positiven Aussagen

Das Verb *to be* hat bei positiven Aussagen folgende Kurzformen:

I am	=	I**'m**
You are	=	You**'re**
He is	=	He**'s**
She is	=	She**'s**
It is	=	It**'s**
We are	=	We**'re**
You are	=	You**'re**
They are	=	They**'re**

Beispiele:
I'm hungry.
You're my friend.
They're nice.

Here is	=	Here**'s**
There is	=	There**'s**
That is	=	That**'s**

Beispiele:
Here's my friend.
There's a car in the garage.
That's boring!

:ei Fragen

)ie Kurzform bei Fragen des Verbs *to be* sieht aus wie folgt:

What is	=	What's
When is	=	When's
Where is	=	Where's
Who is	=	Who's
How is	=	How's

ɜeispiele:
Vhat's the time now?
Vhen's your birthday?
Vhere's the ball?
Vho's this?
Iow's your new book?

:5. Ergänze die Lücken im Text!

ɔpeedy

'oday some of the girls and boys in Lisa's and Tom's class must read a ɔaper* about their hobbies.
'hey ________ bringing a football, a book or a bike to school.
.iz wants to talk about her mouse. She _____ bringing Speedy to school.
ɔpeedy is sitting in a cage. Suddenly some children are squealing*.
'What ________ going on?", Mrs Hill, the teacher, wants to know.
'The mouse is not in its cage!" – Where ________ Speedy?
t ________ running around in the classroom. It ________ looking into ıll the children's schoolbags.
Now it ________ coming to Peter's chair. There ________ a piece of :heese in Peter's schoolbag!
Peter ________ not afraid of the mouse. He ________ catching Speedy ınd putting it back in the cage.
'Oh, I ________ so glad! Thank you, Peter!" - Liz is smiling at Peter.
Mrs Hill: "We ________ all glad. Now we all know how fast your mouse :an run and what it likes to eat!"

*to read a paper = ein Referat halten
*to squeal = quieken

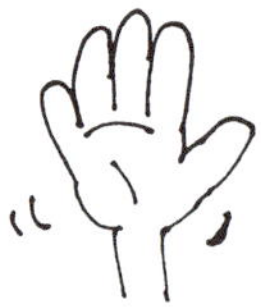

Manchmal hören sich s-Genetiv, Kurzformen und Pronomen gleic
oder ähnlich an, z. B.: ***Tom's** bike is blue* als s-Genitiv oder ***Tom'*** *playing* als Kurzform anstelle von ***Tom is** playing (football)*.

26. Entscheide, ob es sich bei den Sätzen um ein s-Genitiv, eine Kurz form oder ein Possessivpronomen handelt:

1. a) **He's** in the garage: ____________________
   b) **His** car is new: ____________________
2. Look at the mouse:
   a) **It's** running: ____________________
   b) It's not in **its** cage: ____________________
3. a) **Lisa's** book is interesting: ____________________
   b) **Lisa's** reading: ____________________
4. a) **They're** in the house: ____________________
   b) **Their** house is red: ____________________

Hör immer ganz genau hin, wie die einzelnen Laute ausgesprochen werden, dann ist das Schreiben gar nicht so schwer!

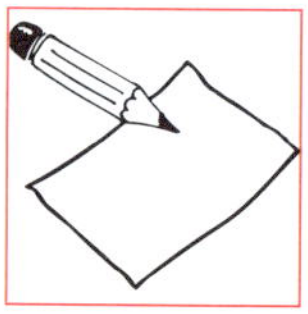

27. Übungsdiktat
Höre genau hin! Denke an die Bedeutungsunterschiede.

Their game
It's a rainy day. Lisa and Tom are in Lisa's room. They're playing a computer game. Its name is 'The Treasure*'. There's a boy in the game, his name is Peter. He's trying to find the treasure. It's a box full of gold. But Peter has to hurry up. The treasure's sinking. And it's a long way to the box. Can he get to the treasure before it's lost in the sea?
*treasure = Schatz

Welche Wörter hast du falsch geschrieben? Notiere sie hier!

____

____

____

Das Verb *to have*

Die Kurzform von *to have* (simple present) wird durch das Anhängen der Kurzformen **’ve** oder **’s** ausgedrückt:

I have	=	I**’ve**
You have	=	You**’ve**
He/She/It has	=	He**’s**/She**’s**/It**’s**
We have	=	We**’ve**
They have	=	They**’ve**

I**’ve** finished my lunch.
You**’ve** washed the car!
Liz? She**’s** gone to the youth club.
We**’ve** seen that film.
They**’ve** got a modern flat.

In der Vergangenheit (past perfect) wird die Kurzform mit **’d** gebildet:
I/You/He/ ... had = I**’d**/You**’d**/He**’d** ...

They**’d** already finished lunch.

Sonderform *Let’s*

Man verwendet ***Let’s ...*** bei **Vorschlägen**, etwas zu tun:
Let us + Infinitiv = **Let’s + Infinitiv**

Let’s go to the cinema!
Let’s have dinner now!
Let’s look for the others!

Bei der Verneinung gilt: not + Infinitiv
Let’s not + Infinitiv

Let’s not get angry!

'will'/ 'would'

Bei *will*, das die **Zukunft** ausdrückt, wird als Kurzform das **Doppel-l an das Pronomen angehängt**:

I will	=	I'**ll**
You will	=	You'**ll**
He/She/It will	=	He'**ll**, She'**ll**, It'**ll**
We will	=	We'**ll**
You will	=	You'**ll**
They will	=	They'**ll**

I'll show you how to repair it.
He'**ll** know how to do it.

Bei *would*, das einen **Wunsch** ausdrückt, wird als Kurzform das **'d an das Pronomen angehängt**:

I would	=	**I'd**
You would	=	You'**d**
He/She/It would	=	He'**d**, She'**d**, It'**d**
We would	=	We'**d**
You would	=	You'**d**
They would	=	They'**d**

I'd like a coke, please.
She'**d** like that idea.

28. Übersetze!
a) Gehen wir! ______________________________
b) Sehen wir uns diesen Film an! ______________________________
c) Lasst uns Rad fahren! ______________________________

29. Ergänze die Kurzformen im Text!
"I _____ got a question." – "You _____ got a question, Tom?"

"No, she _____ got a question!" – "He _____ got a question?"

"Never mind. I *had* got a question. But I _____ got to go now!"

30. Schreibe passende Sätze zu den Bildern!
Beispiel: I'll go to the pop-concert.

1. ______________________________________

2. ______________________________________

3. ______________________________________

4. ______________________________________

31. Vervollständige den Dialog!

Shop assistant:	What would you like?
Tom:	I ________ like a bar of chocolate, please.
Kevin:	And I ________ like this comic, please.
Lisa and Sandra:	We ____________ two cokes, please.
Shop assistant:	Pardon?
Tom:	They ____________________________
Shop assistant:	OK. Anything else?
Tom:	No, thank you.
Shop assistant:	That's £1.50.

Kurzformen bei Verneinungen

Bei Verneinungen wird das Wort **not** zu **n't** abgekürzt.

is not	=	is**n't**	She isn't from Spain.
are not	=	are**n't**	They aren't at home.
was not	=	was**n't**	I wasn't at school.
were not	=	were**n't**	You weren't afraid!
has not	=	has**n't**	He hasn't cooked dinner himself.
have not	=	have**n't**	I haven't heard of him.
do not	=	do**n't**	I don't like homework.
does not	=	does**n't**	She doesn't know this game.
did not	=	did**n't**	He didn't come.
cannot	=	ca**n't**	I can't do this.
could not	=	could**n't**	They couldn't find the place.
will not	=	**won't**	The new CD won't be cheap.
would not	=	would**n't**	You wouldn't believe me.
need not	=	need**n't**	You needn't come. (nicht brauchen)
must not	=	must**n't**	The dog mustn't do this! (nicht dürfen)

Achtung: Die deutsche Übersetzung von *must* lautet *müssen*. Die Form *must not/mustn't* wird im Deutschen jedoch **nicht** mit *nicht müssen*, sondern mit *nicht dürfen* übersetzt!

32. Beantworte die Fragen mit der passenden Kurzform!

1. Can you come to my party? – No, sorry, I __________.
2. Does he play tennis? – No, he __________.
3. Have you seen the film? – No, I __________.
4. Would your mom allow you to go? – No, she __________.
5. Will you go? – No, I __________.

3. Setze *will* oder *won't* in den Text ein. Verwende dafür die unten angegebenen passenden Verbven!

it, go, be, will, find, talk to, eat, choose, be

Two hundred years from now, people *will have* picnics, too, but they *won't leave* the house.
They ________________ in front of their computers. In the computers they ________________ different programmes: in the park, in the woods, on the beach. They ________________ one of these programmes. But they ________________ to these places and they ________________ the food! The whole picnic ________________ in the computer! They ________________ alone, they ________________ to their friends. ________________ that be fun?

34. Lies dir den Text durch. Unterstreiche alle Kurzformen. Schreibe sie heraus und lass dir anschließend den Text diktieren!

A young man buys a pair of trousers. At home he finds out that they're too long. He goes to the kitchen where his mother and his two sisters are washing up. "Look, they're too long! Could one of you shorten them by five centimetres for me? I've got to go back to work now!" - His mother and his sisters are busy and so they don't say anything. But later his mother goes to her son's bedroom and shortens the trousers. She doesn't say a word to her daughters. Later on, the older sister remembers the trousers. She also shortens them and doesn't say a word about it. The younger sister isn't at home in the evening. She's out at the cinema. When she comes home her brother's already asleep. She's very tired, too. But she really likes her brother and so she shortens his new trousers for him, too.
The young man will be very surprised the next morning!

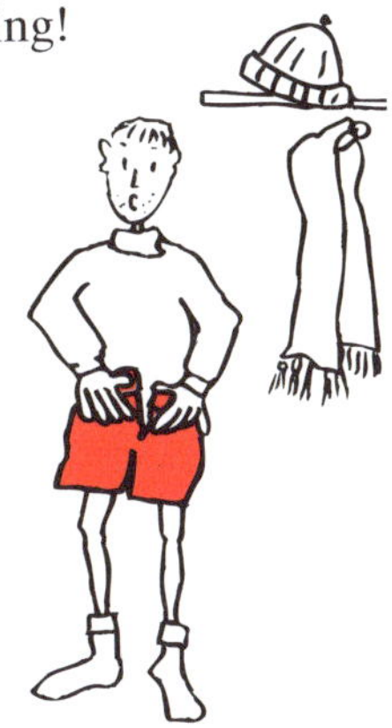

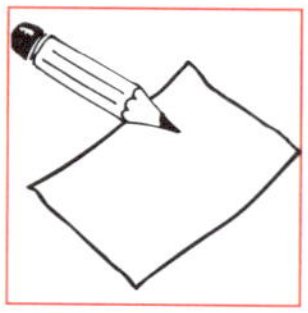

35. Übungsdiktat

At the safari park

The Miller family is going to the safari park. They're very excite There are so many exotic animals to see. Mr Miller is driving the ca Suddenly he stops. There's a monkey in front of the car and here's on next to it. Mrs Miller wants to take a picture, but she's left the new fil roll at the hotel! The children can't take a picture, either. They can't fin their camera, it isn't in the car. Where is it? In the boot*? – Oh no, no the monkeys are jumping onto the car! Mr Miller doesn't like that. S he's honking*. And really, they're running away. But what's that? - There's an elephant. He's blocking the way. Why isn't he going out o the way? – "Don't ruin my car!" Mr Miller's getting angry. When the ele phant is finally going away, Mr Miller is turning the car. – "We've pai for this trip. But it's more expensive than I thought. We've got a dent* And I don't know what else we've got. Let's get out of here!"

*boot = Kofferraum
*to honk = hupen
*dent = Delle

Welche Wörter hast du falsch geschrieben?
Notiere sie hier!

36. Übungsdiktat

School life in the USA

Tom's cousin Bryan's planning to go to the USA for a year. His parents found out about a school exchange programme between his home town Birmingham and Chicago. Chicago's a big city near Lake Michigan. Bryan's the first pupil of his school who'll go to an American school and he's very excited. The other pupils want to know everything about life in America and they're always asking questions.

Bryan will go to a Junior Highschool for pupils from grade* 7 to grade 9. He'll be in the 8th grade just as he'd be in England, too. Classes will start at ten to eight and finish at twenty past three. He'll stay with Mr and Mrs Holmes and their daughter Anne. Their son Christopher will come to England and stay with Bryan's family. The family looks very nice and the daughter's very pretty, Bryan thinks. He doesn't know much about the lessons yet, but he thinks that there's no school uniform at his American school. He's promising to write to his friends, maybe there'll be a possibility* to send e-mails.

*grade = Klasse(nstufe)
*possibility = Möglichkeit

Hast du alle Kurzformen richtig geschrieben?
Notiere hier deine Fehler!

Die Veränderung von -y

Substantive

Häufig wird der Plural durch das Anhängen von **-s** an den Singular gebildet.

ca**t** – ca**ts** journe**y** – journe**ys**

Substantive, die mit einem **Konsonant + y** enden, bilden den Plural durch das Anhängen von -s an den **Konsonant + ie**.

Playing football is Tom's hobb**y**.
But he has lots of other hobb**ies**, too.

Grandma often reads a stor**y** to Lisa and Tom.
The children love stor**ies**.

37. Suche für jede Lücke im Satz ein passendes Wort in der Wörterschlange und setze es in der Pluralform ein!

1. _____________ live in the Wild West.
2. Lisa and Tom like birthday _____________ .
3. England and Scotland are two different _____________ .
4. Lisa thinks that _____________ always cry.
5. Tom and the other _____________ are good football players.
6. Sarah likes _____________ because her dad has time for her then.

38. Wie viele Substantive mit der Endung -y enthält der Text?

a) Schreibe sie heraus und bilde die Pluralform!

My family lives in a big city. Our flat has a balcony with beautiful flowers. I have an older brother and a sister, she's still a baby. When my dad can take a holiday we often visit my grandparents. They live in the country. It's a long way, so my mom sometimes tells us a funny story. My hobby is walking and playing with the dogs in the neighbourhood. But my dream is having my own monkey!

Endung Konsonant + -y		**Endung Vokal + -y**	
Singular	Plural	Singular	Plural

b) Schreibe nun einen kleinen Text über deine Familie. Versuche, alle Substantive mit der Endung -y aus der Tabelle in deinem Text unterzubringen!

Verben

Du hast bereits im Kapitel „s-Endung bei Verben“ etwas über die y-Endung erfahren. Hier noch einmal zur Erinnerung:

Endet ein Verb auf **Konsonant + y**,
– so wird **-y** in der 3. Person Singular zu **-ie**
– so wird **-y** vor -ed zu **-i**.

(hurry) Lisa’s dad often hurr**ie**s to work.

(marry) Last year Mr and Mrs Miller got marr**i**ed.

Vermeidung von -ii:

Vor der Endung **-ing** bleibt das **-y** bestehen!

Liz is dr**yi**ng her hair.
Kevin is hurr**yi**ng to school.

Endet ein Verb auf **-ie**, so wird die **-ing-Form** auch mit **-y** gebildet:

Tom likes to **lie** in his bed.
Today he’s l**y**ing there all day long.

Besonderheit von *to ski*:

Für dieses Verb gilt keine Regel!

Peter likes to sk**i** in the morning. Sk**ii**ng is fun.

39. a) Setze die richtigen Verbformen ein!

Ufy, an extraterrestrial*, is sending a letter to his planet:

Hi,
life on earth is very funny. Right now I'm ___________ (lie) on a car and some people are _____________ (try) to run away from me! Others are __________ (cry) or hiding behind a tree. But not everybody is _____________ (pay) attention* to me: Some people are _______________ (hurry) in and out of the shops, they're _______________ (buy) things all the time. And the children are not afraid of me. They're _______________ (play) their games with or without me. Oh, there's a man, he's _______________ (carry) a big stick. Now he's coming to the car – it's time for me to fly away!

Ufy

*extraterrestrial = Außerirdischer
*to pay attention = Aufmerksamkeit schenken

b) Schreibe den Text nun als Diktat!

Adjektive

Endet ein Adjektiv **nach einem Konsonanten** auf **-y**, so wird die Steigerungsform mit **-ie** gebildet.

happ**y** – happ**ier** – happ**iest**
eas**y** – eas**ier** – eas**iest**

40. Setze die korrekte Adjektivform ein!

1. In Chicago it's __________ (windy) than in New York.
2. In New York it's __________ (rainy) than in Los Angeles.
3. In Seattle it's __________ (icy) than in San Francisco.
4. In Miami it's __________ (sunny) than in Philadelphia.
5. Florida is one of the __________ (sunny) states. It's called the "Sunshine State".
6. In London it's __________ (foggy) than in Munich and the sky is __________ (cloudy), too.

41. Lisa und Tom unterhalten sich über Haustiere. Schreibe passende Sätze wie im Beispiel in dein Extra-Heft!

	Lisa	**Tom**	**Lisa**	**Tom**	**Lisa**
	noisy	hungry	silly	lazy	dirty
dogs	xx	xxx	xxx	x	
cats		xx	xx	xx	x
guinea pigs	xxx			xxx	xxx
rabbits	x	x	x		xx

Beispiel:
For Lisa dogs are **noisier** than rabbits. But she thinks guinea pigs are the **noisiest** pets.

Adverbien

Bei der Umformung zum Adverb wird das **–y** ebenfalls zu **–i**.

eas**y** – eas**i**ly
happ**y** – happ**i**ly

42. Wandle die Adjektive, die in den Ballons stehen, in Adverbien um und setze sie in den passenden Satz ein!

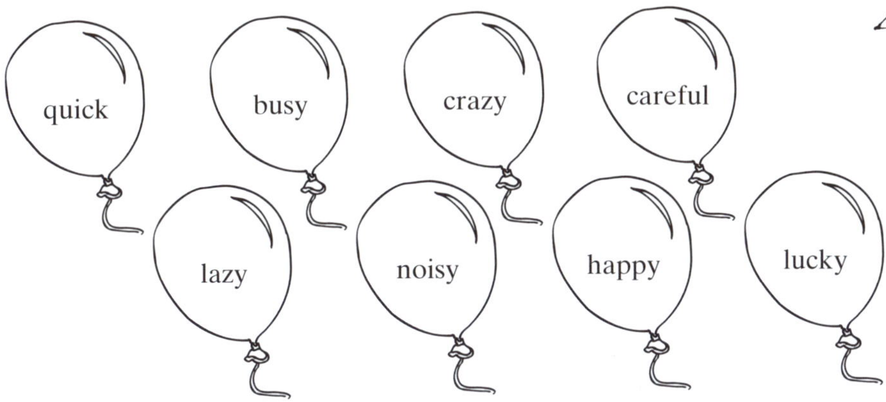

1. Usually Mrs Smith drives _______________ in town.
2. Yesterday she was _______________ cleaning the house when the telephone rang.
3. Ruth and her sister Kathy were _______________ lying on their beds.
4. But when they heard the telephone they _______________ ran to their mother.
5. It was Mr Smith. He said they should come _______________ because the popular actor Leonardo Carpaccio was at a restaurant in town.
6. _______________ the girls ran to the car.
7. Mrs Smith drove _______________ in order to* be there in time*.
8. _____________ the actor was still in the restaurant when they arrived!

*in order to = um ... zu
*in time = rechtzeitig

43. Übungsdiktat

a) Setze die unten aufgeführten Wörter an der passenden Stelle im Text ein!

Wednesday afternoon

Lisa and Jim usually play together on __________. Today they're having __________ ideas than ever before. First they're __________ on Lisa's parents' clothes: Jim is putting on Mr Parker's black suit and a hat. Lisa is putting on her mother's ____________ dress, it's blue and silver. Jim is taking Lisa's arm and they're pretending to get ______________. Two of Lisa's dolls are their "__________". Then they're on a journey: They're __________ in the Alps - down the stairs! Fortunately* there are no accidents. The two friends are __________ their games. Today is one of their __________ afternoons! _________ Lisa's parents are not at home.

Wednesdays | married | babies | funnier | luckily | trying | skiing | enjoying* | fanciest* | funniest

*to enjoy = genießen
*fancy = fein
*fortunately = glücklicherweise

b) Lass dir den Text nun diktieren!

c) Wenn du Fehler gemacht hast, dann notiere sie hier!

44. Übungsdiktat

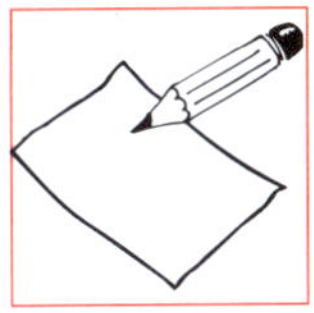

A terrible story

Three men came to New York for the first time. When the cab* stopped at their hotel, they hurried into the lobby: It was windier and rainier than at home and they were cold. In the evening they went out sightseeing. When they came back to the hotel, it was nearly three in the morning and they were very sleepy. All they really wanted was a hot bath and a good sleep. But the receptionist* told them that the elevator* was out of order* and that they would have to wait or walk up to their room. Their room was on the 33rd floor! They didn't want to wait in the lobby for the rest of the night. So, angrily and very slowly (they were so tired), they climbed upstairs. They decided to tell each other stories. At the end of the second story they were reaching* the 26th floor and they were in a good mood* again. It was time for the last man to tell his story, maybe it was even funnier than the two others before! But he refused* to start. He said it was so terrible, he simply couldn't tell it! But finally he said: "It's the shortest story. We have left our keys downstairs!"

*cab = Taxi
*receptionist = Empfangsschef
*elevator (am. Engl.) = Fahrstuhl
*to be out of order = nicht funktionieren
*to reach = erreichen, ankommen
*mood = Stimmung
*refuse = sich weigern

Welche Wörter hast du falsch geschrieben? Notiere sie hier!

Das stumme -e

Verben

Endet ein Verb **nach einem Konsonanten** mit einem **-e** (stummes e), **fällt** dieses **vor -ing** und **-ed weg**.

leav**e** – leaving
shin**e** – shining
arriv**e** – arrived
mov**e** – moved

45. Welche Verben enden nicht auf ein stummes -e? Streiche sie durch!

1. leave – see – believe – imagine – receive
2. come – discover – suppose – phone – pronounce
3. shine – ride – agree – decide – drive
4. lose – move – use – choose – open
5. answer – have – dance – take – make

46. Setze die richtige Verbform (-ing oder -ed) ein!

The sun was __________ (shine) when the train __________ (arrive). Lots of people were __________ (wait) for friends and relatives on the platform. Lucas, the little boy, was very __________ (excite). He __________ (shout): “The train is __________ (come), the train is __________ (come)!” His mother __________ (hope) that Grandma would be __________ (have) a good time with them. Grandma got off the train. But what was wrong? She was __________ (move) quite clumsily*. – “Oh, I _________ (step) on a bee when I was _________ (dance) barefoot with uncle Ben! So I ________ (decide) to never dance again!”

*clumsy = unbeholfen, ungeschickt

Steigert man einsilbige Adjektive, die auf ein stummes **–e** enden, so entfällt dieses.

larg**e**	–	larger	–	largest
lat**e**	–	later	–	latest
nic**e**	–	nicer	–	nicest

47. Suche die Adjektive mit **stummem -e** in den Fischen, schreibe sie in das Aquarium und bilde jeweils die Steigerungsformen!

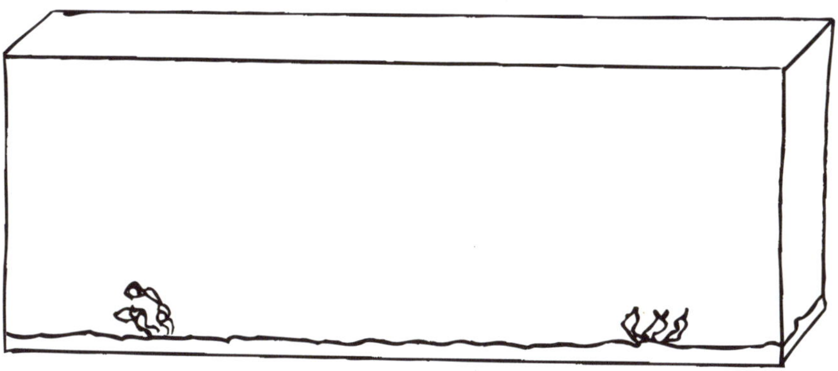

Adverbien

Adverbien werden gebildet, indem die **Endung -ly** an ein Adjektiv gehängt wird.

quick – quick**ly**
dangerous – dangerous**ly**

Endet ein Adjektiv auf ein stummes **-e**, so bleibt dies bei der Bildung des Adverbs bestehen!

saf**e** – saf**ely**
expensiv**e** – expensiv**ely**

Endet ein Adjektiv bei der Bildung eines Adverbs auf **-le**, so wird aus der Endung **-le** die Endung **-ly**.

humb**le** – humb**ly**
comfortab**le** – comfortab**ly**

48. Setze die Buchstaben zu einem Adjektiv zusammen und bilde das dazugehörige Adverb!

	Adjektiv	Adverb
1. DSA	____________	____________
2. CNIE	____________	____________
3. TLEIRBRE	____________	____________
4. ORIBEHLR	____________	____________

49. Übungsdiktat

In Main Street

Lisa und Tom are looking at two pictures of Main Street. “Look Tom, this was Main Street in 1960. There were lots of small shops, a butcher’s, a baker’s, a grocer’s, but no department store! And there were only a few cars.” – “Yes, Lisa! It looks very different now. I think it looked nicer in 1960. There’s this huge department store now. And there are so many cars and buses! It was safer on the street in 1960 and it looked friendlier, too.” – “You’re right, Tom. It’s more dangerous there now. But next year Main Street will be a pedestrian zone*. Then it will be the safest street in town! Do you see this little sweets shop? Mom says it was the finest shop, with the nicest man she has ever known.”
*Fußgängerzone

Wo hast du Fehler gemacht?

Schreibe die Wörter richtig auf:

Konsonantenverdoppelung

Verbformen auf -ing und -ed

Die Verbformen, die auf -ing und -ed enden, setzen sich aus dem **Infinitiv +** der **Endung -ing** oder **-ed** zusammen.

jump + **ing** = jumping – jump + ed = jumped

Endet ein Verb nach einem **einzelnen betonten Vokal** mit einem **einzelnen Konsonaten,** so wird dieser Konsonant vor dem Anhängen der Endung **verdoppelt**.

p:	sto**p**	–	sto**pp**ing
	ste**p**	–	ste**pp**ed
	(aber slee**p**	–	slee**p**ing)
t :	si**t**	–	si**tt**ing
	(aber wai**t**	–	wai**t**ing)
n:	begi**n**	–	begi**nn**ing
	(aber ope**n**	–	ope**n**ing)

Das **l** wird auch nach einem unbetonten Vokal verdoppelt!

trave**l** – trave**ll**ing

50. Setze die richtige Verbform ein:

Lisa wants to play with a friend. Does anyone have time to come?

Jim: I'm sorry, but I'm __________ (help) my father in the garden.

Sandra: Not now, a good film is just __________ (begin).

Claire: Sorry, but my brother and I are __________ (repair) my bike.

Liz: Pssst ! My mom is __________ (shout) at me. I have to take the dog for a walk.

Carol's mother: Carol is __________ (swim) in the swimming pool.

Sally: I'm sorry, but I want to go __________ (shop) with my mom.

Nancy: My dad wants to go __________ (run) with me!

Paul: OK. I'm __________ (come) in five minutes.

51. Bilde jeweils die richtige Verbform mit -ed:

look: ______________
clean: ______________
stop: ______________
ask: ______________
plan: ______________
want: ______________
clap: ______________
play: ______________

Adjektive

Einsilbige Adjektive und **zweisilbige** Adjektive mit der Endung **-y** werden durch Anhängen der Endungen **-er** und **-est** gesteigert.

fast – faster – fastest
lazy – lazier – laziest

Endet ein **einsilbiges Adjektiv** nach einem **einzelnen Vokal** mit einem **einzelnen Konsonanten**, so wird dieser bei der Steigerung **verdoppelt**.

fa**t** – fa**tt**er – fa**tt**est
bi**g** – bi**gg**er – bi**gg**est

Tipp

Vergleiche:

clever –	cleverer –	cleverest
nice –	nicer –	nicest
cheap –	cheaper –	cheapest

52. Setze das Adjektiv in der richtigen Steigerungsform ein:

1. In summer it's _______________ (warm) than in winter.

2. My dad is _______________ (old) than Lisa, but my grandma is the _______________ (old).

3. A cat is _______________ (big) than a mouse, but an elephant is the _______________ (big) animal of these three.

4. Tom is the _______________ (tall) boy in his class.

5. In Spain it's _______________ (hot) than in England.

6. Beefy is the _______________ (fat) dog in town.

53. Übungsdiktat

Pets

Lisa and Tom are looking at the pets in Mr Miller's pet shop window. Lisa watches a mouse. "Look, Tom," she says, "it's running so fast." Tom has a rabbit at home. He thinks that the rabbits in the shop are smaller than his rabbit. "Oh, look Tom, a bird is sitting behind the mouse!" – "Yes, and there are two hamsters. They're eating!" – "Oh, and I like the dog!" – " The bigger dog or the smaller one?" – "The smaller one, it's hiding behind the bigger dog now!" – "Yes, Lisa, but let's go now. School is starting soon!"

54. Übungsdiktat

At school

Today the girls and boys have to write about a dream. Lisa is writing: Last night I was dreaming of my new friend. My friend was running, he was faster than me. Suddenly he heard something and he stopped. What was it? And was it running, too? Or was it flying? Was it bigger or smaller than my friend? For a few seconds I listened and waited but nothing happened. When I came to my friend, he was sitting on the grass and he was holding something: It was a ball from the neighbour's house. My friend was very proud* and gave it to me. Dogs really are reliable* friends!

*proud = stolz

*reliable = zuverlässig

Homophone

Tom **threw** a ball **through** the window.

Sicher fällt dir auf, dass die zwei markierten Wörter gleich ausgesprochen werden. Man nennt sie **Homophone**.

Homophone sind Wörter, die **gleich lauten**, aber **verschieden geschrieben** werden. Auch ihre **Bedeutung ist unterschiedlich**, z. B.: *break* (= brechen) – *brake* (= bremsen); *week* (= Woche) – *weak* (= schwach)

55. Fische die Wörter heraus, die sich gleich anhören, und schreibe sie paarweise auf! Notiere die englischen Wörter in roter Farbe und schreibe die deutsche Bedeutung mit einer anderen Farbe dahinter!

read rode write no knew son see one

new hear buy wear Bye! nose sun knows hour too

know two our where won sea for here

four road right red

englisch	deutsch	englisch	deutsch
brake	bremsen	break	brechen
b		b	
f		f	
h		h	
h		o	
(he/she) k		n	
k		n	
(he/she) k		n	
(he/she) r		r	
r		w	
r		(he/she) r	
s		s	
s		s	
s		(he/she) s	
t		t	
w		w	
(he/she) w		o	

56. Kannst du auch diese Homophone nur nach ihrer Lautschrift richtig schreiben?

[seɪl] = sail (segeln) oder sale (Verkauf)

[aɪ] = __________ (__________) oder __________ (__________)

[θru:] = __________ (__________) oder __________ (__________)

[hɪə] = __________ (__________) oder __________ (__________)

57. How well can you spell?

a) Setze die Wörter richtig geschrieben für die Lautschrift ein!

1. Ann's picture was the best __________. She __________ a prize! [wʌn]
2. You want to eat __________ cheeseburgers and the salad and the chips? Isn't that __________ much for you? [tu:]
3. After the operation, Stefanie felt very __________ . She had to stay in hospital for another __________. [wi:k]
4. Of course Lisa isn't Tom's __________ friend. He __________ her when she was six. [nju.]
5. Oh __________, not again! Wait! Don't you __________ that this street is very dangerous? [nəʊ]
6. Tom __________ along the __________ on Lisa's bike. [rəʊd]
7. Lisa warned him: "If you stop the bike too quickly, the __________ can __________." [breɪk]
8. And __________ is your new car. Can you __________ the horn? [hɪə]
9. Mr Parker got angry and his face turned __________ when he __________ the news. [red]
10. In one __________ Phil and I are going out. It' s __________ first date! [aʊə]
11. Her __________ loved the __________. [sʌn]
12. This sentence isn't __________. Try to __________ it again. [raɪt]
13. __________ is my new shirt? I want to __________ it today! [weə]

b) Bei welchen Homophonen hattest du Schwierigkeiten?
Schreibe sie dir noch einmal auf!

58. Ergänze jeweils die Textlücken mit dem dazugehörigen Homophon!

Lisa and Tom are riding on their bikes down to the sea. They can __________ some nice big ships. At the beach there is a young mother. Her son is playing in the __________ . Lisa is pointing to her nose. Tom __________ what this means: "I can see it in your __________, Lisa. You want some ice-cream!" Yes, Lisa loves ice-cream. So they're looking for the right road. They're getting lost. But Tom knew this way. It's not a __________ road. "Oh, I can hear the church bells. It's not far now. Yes, __________ we are."

59. Übungsdiktat

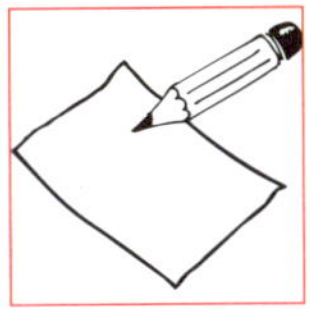

When I first read this, I couldn't get my eyes off the paper. I knew that something was wrong:
"NEw ClOwN In tOwN. HE hAS a rED NoSe AnD KnOWs hoW tO PosE*. haVe yOu EVer WOn ONe dEEr* HeRe? theN cOMe tO OUr ShOW NoW!"
I threw the paper on the floor and ran through the door. I didn't want to win a deer but I wanted to see what was going on here. So I rode my bike, four minutes later I was there. I didn't wear my glasses so I couldn't see anything. Where was the circus? I cried and then I heard my father's voice: "Wake up, son, it's just the sun!"

*pose = posieren
*deer = Hirsch

a) Kannst du die Sätze aus der Zeitung richtig schreiben?

b) Schreibe den Text nun als Diktat!

Schwierige Wörter

False friends

Einige Wörter sind im Englischen und Deutschen in ihrer Schreibweise und Bedeutung identisch. Man bezeichnet solche Wörter als **true friends**, z. B.:

September (dt.) – September (engl.)

Es gibt jedoch auch Wörter, die sich zwar ähneln, aber eine unterschiedliche Bedeutung oder Schreibweise haben. Nimm dich vor diesen **false friends** in Acht!

So gilt zwar	fantastisch (dt.)	–	fantastic (engl.)
aber:	Fantasie (dt.)	–	imagination (engl.)

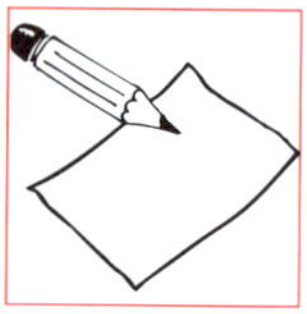

60. True friends or false friends? Schreibe die **false friends** und die entsprechende englische Schreibweise in die Tabelle bzw. in ein Extra-Heft!

ENGLAND	MAUS	GRAS
LAUT	WENN	TIGER
SCHOTTLAND	TOILETTE	PLANET
HAMSTER	PAKET	JUNG
KAFFEE	ARM	UNIFORM
MINUTE	TEE	WORT
PARK	DOKTOR	LIMONADE
MODELL	GITARRE	FINGER

deutsch:	**englisch:**
______________________	______________________
______________________	______________________
______________________	______________________
______________________	______________________

61. Übungsdiktat

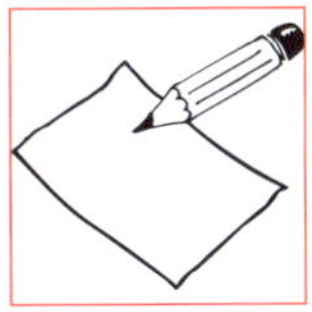

In a café

One afternoon in October Lisa and Tom decided to go to a café.

Lisa: "School was so hard today. Let's go in here and have a rest!"

Tom: "Don't you think it's too loud?"

Lisa: "I like that kind of music. And I like the modern furniture, too."

Tom: "OK. Let's stay here and have some tea. But I have to be at home at 5.30 or my mother will be very angry!"

Inside the café:

Lisa: "You were right, Tom. The music is loud! But we're not staying for long and my tea is very good. How's your lemonade?"

Tom: "Very good, thanks. There are cool people in this café, I think. But we're the youngest. Oh look, there's our doctor. And there's the new teacher from America!"

Lisa: "Yes, I've seen enough adults*. Let's go home!"

*adult = der Erwachsene

62. Übungsdiktat

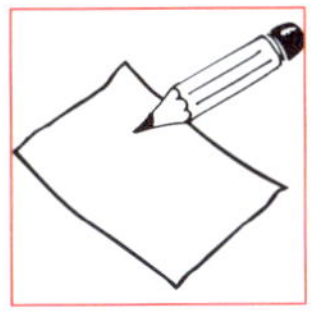

A visit to the Isle of Wight

It's a Friday evening in autumn. Lisa's friend Sarah from London is visiting the family.

Lisa's dad: "What are you going to do tomorrow, girls? If you don't have any plans yet we could all go to an island, the Isle of Wight. It's very pretty, Sarah. There are a lot of small towns and villages. It's especially nice there on a day like today when the sun is shining."

Lisa: "Yes, that's a good idea! We could visit 'Dinosaur land' at the Fantasy Theme* Park!"

Tom: "You know that I love to walk on the beach. That sounds great! And I want to see the lighthouse*!"

Sarah: "My father told me about the famous castle. I should take some pictures and give them to him. And I'm sure I could find some souvenirs for my mom, too!"

Lisa's mother: "We'll have to leave early in the morning if we want to have enough time to see everything. Let's have a look at my guidebook* and find out when the earliest ferry leaves from Portsmouth."

*theme = Thema

*lighthouse = Leuchtturm

*guidebook = Reiseführer

Unregelmäßige Verben

Die unregelmäßigen Verben sind sehr wichtig, weil sie dir im Englischen immer wieder begegnen. Du musst sie daher gut lernen. Am besten nimmst du dir pro Lerntag 10 Vokabeln vor und wiederholst die gelernten Wörter jedes Mal.

Tipp

Einige unregelmäßigen Verben werden ähnlich gebildet. Du findest sie in Gruppen zusammengefasst. So kannst du sie besser lernen.

Infinitiv	Simple Past	Past Participle	deutsche Bedeutung
be	was/ were	been	sein
see	saw	seen	sehen
begin	began	begun	beginnen
drink	drank	drunk	trinken
ring	rang	rung	klingeln, läuten
sing	sang	sung	singen
sink	sank	sunk	sinken, versenken
swim	swam	swum	schwimmen
run	ran	run	laufen
bring	brought	brought	(mit-/her-) bringen
buy	bought	bought	kaufen
think	thought	thought	denken, meinen
catch	caught	caught	fangen
teach	taught	taught	unterrichten, lehren
beat	beat	beaten	schlagen, besiegen
eat	ate	eaten	essen
become	became	become	werden
come	came	come	kommen
do	did	done	tun, machen
blow	blew	blown	blasen, wehen
fly	flew	flown	fliegen
grow	grew	grown	wachsen

nfinitiv	Simple Past	Past Participle	deutsche Bedeutung
now	knew	known	kennen, wissen
hrow	threw	thrown	werfen
hine	shone	shone	scheinen (Sonne)
how	showed	shown	zeigen
reak	broke	broken	(zer)brechen, kaputtmachen
peak	spoke	spoken	sprechen
hoose	chose	chosen	(aus)wählen
ut	cut	cut	schneiden
hut	shut	shut	schließen, zumachen
draw	drew	drawn	zeichnen
drive	drove	driven	(Auto) fahren
give	gave	given	geben
hide	hid	hidden	(sich) verstecken
ride	rode	ridden	reiten, (rad)fahren
write	wrote	written	schreiben
fall	fell	fallen	fallen
feed	fed	fed	füttern
meet	met	met	(sich) treffen, kennenlernen
keep	kept	kept	halten
sleep	slept	slept	schlafen
read	read	read	lesen
mean	meant	meant	bedeuten, meinen
leave	left	left	verlassen
feel	felt	felt	fühlen
spell	spelt	spelt	buchstabieren

Infinitiv	Simple Past	Past Participle	deutsche Bedeutung
send spend	sent spent	sent spent	schicken, senden (Geld) ausgeben, (Zeit) verbringen
let	let	let	(zu)lassen
find	found	found	finden
get	got	got	bekommen
go	went	gone	gehen, fahren
have	had	had	haben
hear	heard	heard	hören
hit	hit	hit	schlagen, treffen
lie	lay	laid	liegen
lose	lost	lost	verlieren
make	made	made	machen
take overtake	took overtook	taken overtaken	(mit)nehmen überholen
pay	paid	paid	(be)zahlen
put	put	put	setzen, stellen, legen
say	said	said	sagen
sell tell	sold told	sold told	verkaufen erzählen
sit	sat	sat	sitzen
stand understand	stood understood	stood understood	stehen verstehen
wear	wore	worn	(Kleidung) tragen
win	won	won	gewinnen

3. **Lerntabelle**

) Ergänze die Tabelle!

Infinitiv	Simple Past	Past Participle	deutsche Bedeutung
go			
	threw		
		sat	
			gewinnen
take			
		caught	
sing			
			verstehen
	told		
			machen
mean			
send			

b) Erstelle eine eigene Tabelle für weitere unregelmäßige Verben!

c) Sprich Infinitiv, Simple Past und Past Participle der eingesetzten Verbformen laut!

d) Bei welchen Verbformen hast du noch Schwierigkeiten? Schreibe zu jedem dieser Verben einen eigenen Satz in der Vergangenheit auf. Lerne anschließend wieder die drei Formen!

64. Ergänze die Sätze mit einem passenden Verb im Simple Past!

1. Tom ________________ to the zoo yesterday.
2. I ________________ the new film.
3. Last year we ________________ to Mexico by plane.
4. I ________________ you a postcard.
5. We ________________ our holidays in a nice hotel there.
6. Jane ___________ our dog every day when we ___________ away.
7. And she ________________ the dog for a walk, too.
8. Kevin ________________ his inline-skates in this shop!
9. My cousin ________________ the whole cake.
10. He's a good catcher. He ________________ the ball each time.
11. Our team is so good. We ________________ the match again!
12. My dad was in a hurry. He ________________ to the bus stop.
13. Lisa _____________ the answer but Liz ___________ (not) know it.
14. Last night a robber ________________ into the house.
15. You ________________ the word correctly: v-e-r-b
16. I ________________ the bill (= Rechnung).
17. Mrs Miller ________________ a wonderful dress.
18. They ________________ their old car. Now they have a new one.

5. Übungsdiktat

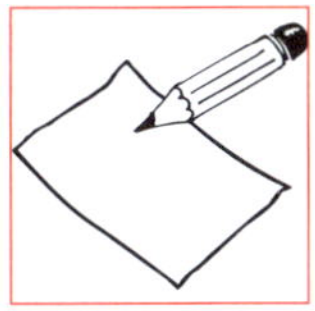

t the fair

isa and I spent a wonderful afternoon at the fair. We threw some darts t a board and I won a prize: a plastic rose. I gave it to Lisa. Then we ought some sweets and ate them right away. After that we went on a rip on a ghost train*. It wasn't very scary*, I thought. Later we rode on big wheel*. Then I felt sick. So we sat down for a while*. Before we left e saw a man who sold pictures. He took a very nice one of Lisa and me. Ve were very tired that night and slept well.

ghost train = Geisterbahn
scary = gruselig
big wheel = Riesenrad
a while = Weile, Zeit

chreibe alle unregelmäßigen Verbformen, die du falsch geschrieben ast, heraus:

Lösungen

1. [ɪ] sit, six, children, swim, big, is, sister, family
   [aɪ] five, hide, I, fine, kite, right, bike, like

2. [i:] she, we, me, free, please
   [e] Ken, ten, pen, bed, next, pencil

3. [eɪ], [a:], [æ], [eɪ], [a:], [æ]

4. My f**a**m**i**ly
   My f**a**m**i**ly **i**s v**e**ry **a**ct**i**ve:
   My moth**er** pl**a**ys g**a**mes w**i**th my broth**er** B**e**n. H**e**’s **a** b**a**by.
   My f**a**th**er** pl**a**ys b**a**sk**e**tb**a**ll **a**nd comput**er** g**a**m**e**s. My s**i**st**er** **A**n
   pl**a**ys th**e** guit**ar** **a**nd **I** pl**a**y t**e**nn**i**s **a**nd c**ar**ds.

5. [d] old, good, friend, road, garden
   [t] flat, teacher, town, terrible, it

6. Hast du den Unterschied zwischen dem weichen Laut [d] und dem harten Laut [t] bemerkt? Wenn nicht, dann lies den Text noch einmal!

7. a) **stimmhaft:** this, they (they’re), there (there’s), the, that (that’s), this
   stimmlos: Thursday, with, other
   b) Vergleiche deinen Text mit dem Text der Aufgabe.

8. an, a, a, a, an, a, an

9. Vergleiche deinen Text mit dem Text der Aufgabe.

10. you, your, I, your, I, my, my, your, I, my, me, our, Their, your

11. Morrison, Tom Morrison, Mr Morrison: Namen werden groß geschrieben.
    I: Das Pronomen I wird immer groß geschrieben.

12. a) Namen von Personen: Lisa, Tom
    Namen von Städten, Ländern und ihren Bewohnern: Brighton, England, British, German

Namen von Schulfächern: English, Maths
Namen von Gewässern: English Channel
Namen von Wochentagen: Saturdays

b) Vergleiche mit dem Text der Aufgabe.

3. Vergleiche deinen Text mit dem Text der Aufgabe.

4. a) The Nasty Boys
b) Why I Want to Live on a Small Island in Greece
c) A Joke a Day
d) Message in the Bottle

5. **regelmäßige Formen:** cup-cups, teacher-teachers, disc-discs
nach Zischlaut: box-boxes, match-matches, class-classes
nach -f/-fe: life-lives, thief-thieves, wife-wives
nicht zählbar: water, news, homework
Merkwörter: man-men, tomato-tomatoes, tooth-teeth

6. people, things - vegetables - flowers - fruit, bananas - apples - peaches - tomatoes - potatoes, housewives - mothers - men - women, buses - cars

7. Betty Black is Emily's mother.
Alan and Jimmy are Emily's brothers.
Emily is Alan's and Jimmy's sister.
Alan is Jimmy's brother. And Jimmy is Alan's brother, too.

8. a) It's the Millers' house.
b) It's the Bakers' car.
c) No, it's the women's toilet.

9. a) the woman's name - the name of the street
b) the rooms of the house - the girls' rooms

20. Greenes', pets, mouse's, Sissy's, tomatoes, Lauren's, hot dogs with chips, Lauren's brothers, brothers', parents', carrots.

21. Vergleiche deinen Text mit dem Text der Aufgabe.

22. **Wörter, die im Plural stehen:** brothers, sisters, parents (2x), evenings, shelves, books (2x), CDs, teddy bears, computer games, things, videos (3x), planets, friends.

Wörter im Genitiv Singular: Sarah's family, Lisa's friend, Sarah's room, Sarah's favourite video, Sarah's friends.
Wörter im Genitiv Plural: the Daytons' shop

23. Vergleiche deinen Text mit dem Text der Aufgabe.

24. Vergleiche deinen Text mit dem Text der Aufgabe.

25. They're, She's, What's, Where's, It's, It's, it's, There's, Peter's, He's, I'm, We're

26. 1. a) Kurzform für: *He is* in the garage.
       b) Possessivpronomen
    2. a) Kurzform für: *It is* running.
       b) Possessivpronomen
    3. a) s-Genitiv
       b) Kurzform für: *Lisa is* reading.
    4. a) Kurzform für: *They are* in the house
       b) Possessivpronomen

27. Vergleiche deinen Text mit dem Text der Aufgabe.

28. a) Let's go! b) Let's watch this film! c) Let's ride our bikes!

29. I've, You've, she's, He's, I've

30. 1. I'll go shopping. 2. I'll answer the phone. oder: I'll make a phone call. 3. I'll cut the grass. 4. I'll clean my room.

31. I'd, I'd, We'd like, They'd like two cokes.

32. I can't, he doesn't, I haven't, she wouldn't, I won't

33. will sit, will find, will choose, won't go, won't eat, will be, will be, won't talk, Will

34. they're (2x), I've got, don't say, doesn't say (2x), isn't, She's, brother's, She's

35. Vergleiche deinen Text mit dem Text der Aufgabe.

36. Vergleiche deinen Text mit dem Text der Aufgabe.

7. cowboys, parties, countries, babies, boys, Sundays

8. a) **Endung mit Konsonant + y:** family - families, city - cities, balcony - balconies, baby - babies, country - countries, story - stories, hobby - hobbies
   Endung mit Vokal + y: holiday - holidays, way - ways, monkey - monkeys
   b) individuelle Lösung

39. a) lying, trying, crying, paying, hurrying, buying, playing, carrying
    b) Vergleiche den Text mit dem Text der Aufgabe.

40. windier, rainier, icier, sunnier, sunniest, foggier, cloudier

41. According to Tom cats are hungrier than rabbits. But he thinks dogs are the hungriest pets.
    According to Lisa cats are sillier than rabbits. But she thinks dogs are the silliest pets.
    According to Tom cats are lazier than dogs. But he thinks guinea pigs are the laziest pets.
    According to Lisa rabbits are dirtier than cats. But she thinks guinea pigs are the dirtiest pets.

42. carefully, busily, lazily, noisily, quickly, Happily, crazily, Luckily

43. a) Wednesdays, funnier, trying, fanciest, married, babies, skiing, enjoying, funniest, Luckily
    b) Vergleiche deinen Text mit dem Text der Aufgabe.
    c) Vergleiche deine Fehler mit dem Text der Aufgabe.

44. Vergleiche deinen Text mit dem Text der Aufgabe.

45. see - discover - agree - open - answer

46. shining, arrived, waiting, excited, shouted, coming, coming, hoped, having, moving, stepped, dancing, decided

47. safe - safer - safest, large - larger - largest,
    fine - finer - finest, late - later - latest, nice - nicer - nicest

48. sad - sadly, nice - nicely, terrible - terribly, horrible - horribly

49. Vergleiche deinen Text mit dem Text der Aufgabe.

50. helping, beginning, repairing, shouting, swimming, shopping, running, coming

51. looked, cleaned, stopped, asked, planned, wanted, clapped, played

52. warmer, older, oldest, bigger, biggest, tallest, hotter, fattest

53. Vergleiche deinen Text mit dem Text der Aufgabe.

54. Vergleiche deinen Text mit dem Text der Aufgabe.

55. buy = kaufen; Bye! = Wiedersehen!
for = für; four = vier
hear = hören; here = hier
hour = Stunde; our = unser(e)
(he/she) knew = (er/sie) wusste; new = neu
know = wissen; no = nein
(he/she) knows = (er/sie) weiß; nose = Nase
(he/she) read = (er/sie) las; red = rot
right = rechts/ richtig; write = schreiben
road = Straße; (he/she) rode = (er/sie) fuhr
sea = Meer; see = sehen
son = Sohn; sun = Sonne
sore = wund, entzündet; (he/she) saw = (er/sie) sah
too = auch; two = zwei
wear = tragen; where = wo
(he/she) won = (er/sie)gewann; one = eins

56. eye (= Auge) oder I (= ich)
threw (= er/sie warf) oder through (= durch)
hear (= hören) oder here (= hier)

57. a) one - won, two - too, weak - week, new - knew, no - know, rode - road, brake - break, here - hear, red - read, hour - our, son - sun, right - write, Where - wear
b) Vergleiche die schwierigen Wörter mit denen im Text

58. see, sun, knows, eye, new, here

59. a) “New clown in town. He has a red nose and knows how to pose. Have you ever won one deer here? Then come to our show now!”
b) Vergleiche deinen Text mit dem Text der Aufgabe.

60. Gras - grass, wenn - when, Schottland - Scotland, Paket - packet, Kaffee - coffee, Tee - tea, Limonade - lemonade, Gitarre - guitar, Maus - mouse, laut - loud, Toilette - toilet, jung - young, Wort - word, Doktor - doctor, Modell - model

61. Vergleiche deinen Text mit dem Text der Aufgabe.

62. Vergleiche deinen Text mit dem Text der Aufgabe.

63. a) go-went-gone-**gehen**, throw-threw-thrown-**werfen**, sit-sat-sat-**sitzen**, win-won-won-**gewinnen**, take-took-taken-**nehmen**, catch-caught-caught-**fangen**, sing-sang-sung-**singen**, understand-understood-understood-**verstehen**, tell-told-told-**erzählen**, make-made-made-**machen**, mean-meant-meant-**meinen**, send-sent-sent-**schicken**
b) Vergleiche die unregelmäßigen Verben deiner Tabelle mit denen der Tabelle im Buch ab S. 78.
c) Das laute Sprechen hilft dir beim Einprägen der Verben.
d) Beispiel für einen möglichen Satz: You ate my apple. You’ve eaten my apple.

64. went, saw, flew, sent, spent, fed, were, took, bought, ate, caught, won, ran, knew, didn’t, broke, spelt, paid, wore, sold

65. Vergleiche deinen Text mit dem Text der Aufgabe. Von folgenden unregelmäßigen Verben könntest du einige falsch geschrieben haben: spent, threw, won, gave, bought, ate, went, wasn’t, thought, rode, felt, sat, left, saw, sold, took, were, slept